어용사전

철학적 인민 실용사전

어용사전

초판 1쇄 인쇄 2014년 4월 16일 ＼**초판 1쇄 발행** 2014년 5월 1일
지은이 박남일 ＼**펴낸이** 이영선 ＼**편집 이사** 강영선 ＼**주간** 김선정 ＼**편집장** 김문정
편집 허승 임경훈 김종훈 김경란 ＼**디자인** 오성희 당승근 안희정
마케팅 김일신 이호석 이주리 ＼**관리** 박정래 손미경
펴낸곳 서해문집 ＼**출판등록** 1989년 3월 16일(제406-2005-000047호)
주소 경기도 파주시 광인사길 217(파주출판도시) ＼**전화** (031)955-7470 ＼**팩스** (031)955-7469
홈페이지 www.booksea.co.kr ＼**이메일** shmj21@hanmail.net
© 박남일, 2014
ISBN 978-89-7483-655-9 03300
값 15,000원

이 도서의 국립중앙도서관 출판시도서목록(CIP)은 e-CIP 홈페이지(http://www.nl.go.kr/ecip)에서
이용하실 수 있습니다.(CIP제어번호: CIP2014012222)

어용사전

御用辭典

국민과 인민을
구별하지 못하는 사람을 위한

철학적 인민 실용사전

215

박남일 지음

서해문집

어용사전

御用辭典

'어(御)'는 본래 '짐승을 길들이다', '다스리다'는 뜻이다.
그런데 '어사(御使)', '어가(御駕)', '붕어(崩御)'처럼,
주로 임금에 대한 극존칭의 뜻으로 쓰였다.
짐승을 길들이듯 백성을 다스리는
절대적인 존재라는 의미로 임금을 높여 부른 것이다.
따라서 어용(御用)은 임금이 사용하거나 부리는
사람과 물건 따위를 뜻한다.
하지만 오늘날에는 '어용노조', '어용학자',
'어용예술'처럼
자본과 권력의 앞잡이 노릇하는 자들을 '어용'이라 한다.
거기에는 "지금이 왕조 시대냐?"하는
비아냥거림이 스며들어 있다.

"나의 언어의 한계는
  나의 세계의 한계를 의미한다."

루트비히 비트겐슈타인,《논리-철학 논고》

착취 현실 은폐하는
조작된 용어들

한국 자본가계급의 끈끈한 연합체이자 불법 상속자들 모임인 '전국경제인연합회(전경련)' 산하에 '한국경제연구소(한경연)'라는 기관이 있다. 명문대 출신 연구원들과 어용교수들이 모여 자본가들에게 계급투쟁의 방어논리를 제공하는 곳이어서 전경련의 '씽크탱크'라 불리는 곳이다.

예를 들면 이들은 "경제민주화는 과잉규제를 불러 온다"고 생떼를 부린다. 또 "비정규직보호법은 비정규직해고법"이라며, 허울뿐인 '비정규직의 정규직 전환 의무' 규정도 폐지해야 한다는 억지논리를 서슴지 않는다. 이처럼 자본가들의 철옹성 같은 기득권에 티끌만큼이라도 손상이 날 것 같으면 온갖 교묘하고 허접한 논리를 개발하여 퍼뜨리는 곳이 바로 한경연이다.

바로 그곳에서 2013년 4월 25일에 '바른 용어를 통한 사회 통합의 모색'이라는 주제로 토론회를 연 적이 있다.

그 자리에서 한경연 사회통합센터 현진권 소장은 "우리 사회는 바른 용어를 쓰지 않는 데서 혼란과 갈등이 생기며 이것이 사회통합을 저해하고 있다"면서 짐짓 '국립국어원'의 토론회 주제를 연상케 하는 화두를 던졌다. 또한 토론자로 참석한 신중섭 교수(강원대 윤리교육과)는 당시 토론회의 의도를 더 구체적으로 밝혔다. "우리나라에서 통용되는 경제적 자유주의, 또는 시장과 관련된 용어에 부정적인 의미가 많이 함축돼 시장경제를 확산하는 데 걸림돌이 된다"고.

그랬다. 이들이 생각하는 '바른 용어'란 자본주의 시장경제를 긍정적으로 선전하는 용어를 가리키는 말이었다. 이날 전경련 '씽크탱크'의 조준경에 포착된 것은 정부 정책도 아니고 법도 아니었다. 그것은 발 없이도 천 리를 간다는 '말'이었다. 이미 자신들의 이데올로기로 구축한 언어를 이용하여 사회를 지배하고 있지만, 그 언어세계에 작은 균열이라도 생길까 봐 불편하고 두려웠던 모양이다. 그렇다면 과연 어떤 말들이 한국 자본가계급의 심기를 그토록 불편케 했던 것일까.

'자본주의'는 '시장경제'로,
'재벌'은 '대기업집단'으로 바꾸어 부르자?

자본가들은 자신들이 '자본가'로 불리는 걸 꺼린다. 그 때문에 스스로를 '경제인'이라 부른다. 그들은 또한 자신들이 지배하는 사회시스템을 '자본주의'라 부르는 것도 거슬렸던 모양이다. 그래서 '자본주의'라는 용어 대신 '시장경제'라는 말을 쓰자고 제안했다. 하지만 정작 '약육강식 자본주의'는 '조화 자본주의'로, '승자독식 자본주의'는 '소비자선택 자본주의'로 부르자고 함으로써 스스로의 제안을 깨버렸다. 게다가 '정글 자본주의'는 '상생경제'로 바꾸어야 한다며 일관성 없는 주장을 늘어놓았다.

한편 '씽크탱크'의 기관사들은 '자본'의 대안 용어로 제시한 '시장'이라는 말도 불안하게 생각되었는지 '시장점유율'은 '소비자선택률'로, '시장지배자'는 '소비자선택자'로, '시장지배적 사업자'는 '소비자선택 사업자'로 바꾸자고 했다. 자신들의 과도한 시장 독점에 스스로도 발이 저렸던 듯하다. 그 때문에 '소비자'라는 수동적 존재 뒤에 숨어서 자신들에게 쏟아지는 비난을 면해보려고 얄팍한 꼼수를 부린 것이다.

한편 한경연은 대기업에 부정적 의미를 씌우는 '재벌(財閥)'

은 '대기업집단'으로 쓰자고 제안했다. 재벌은 일본의 '자이 바쯔'에서 유래한 말이다. 사전에는 '재계에서 큰 세력을 가진 독점적 자본가나 기업가의 무리, 또는 일가나 친척으로 구성된 대자본가의 집단'을 가리키는 말로 풀이되어 있다. 하지만 공정거래법에서는 계열기업들의 자산 규모 합계가 5조 원 이상인 기업군(群)을 이미 '대규모기업집단'으로 지정하고 있다. 그럼에도 여전히 대중적으로는 '재벌'이라는 말이 통용되자 대자본가들은 심기가 불편했던 것이다.

이밖에도 한경연은 자본가들의 기업 활동과 관련된 부정적 용어들을 긍정적인 용어로 바꾸자고 제안했다. 예를 들면 '과당경쟁'은 '시장경쟁'으로, '자유방임주의'는 '불간섭주의'로, '낙수효과'는 '소득창출효과'로 바꾸자는 것이다. 반대로 대중에게 긍정적인 느낌을 줄 것이라 여긴 용어를 부정적으로 바꾸려는 시도도 있다. 예컨대 '보호무역주의'는 '무역규제주의'로, '보수와 진보'는 '우파와 좌파'로 변경하자고 했다. "최소한 중립적이거나 친자유주의적인 의미를 부각시켜야 한다"는 신중섭 교수의 발언처럼 자본가계급의 입장만을 노골적으로 거들고 있는 것이다.

기존 용어 조작 사례

전경련 '씽크탱크'의 이와 같은 용어 조작 시도에 대해 SNS에서는 거센 비판과 함께 패러디가 줄을 이었다. 예컨대 "전경련의 단어 제안은 언어도단이며 여론 조작"이라 비판했고, "도둑이라는 용어 대신 '각종 유무형자산 위치변경인'으로 바꾸면 어떨까?"라는 패러디도 나왔다. 또 "회장님 횡령은 '자기적선', 배임은 '아! 실수' 이렇게 불러주리?" 하고 비아냥거리는 네티즌도 있었다.

사실 한경연의 용어 조작 시도는 누가 봐도 억지스러운 한 편의 저질 코미디였다. 오히려 자본가들 스스로 부정적인 이미지를 덧칠한 해프닝으로 끝난 셈이다. 그러나 정작 심각한 건 이미 오래전에 조작되어 사회성을 획득하고 보편적으로 인구(人口)에 회자(膾炙)되고 있는 용어들이다. 그 대표적인 용어가 바로 '근로자'다. 여기에는 '노동자'라는 보편적 용어를 불온시하고 적대시하는 이데올로기가 날것으로 드러난다.

한편 이승만 정권은 노동기준법이 아닌 '근로기준법'을 제정했다. 박정희 정권은 근로자의 노고를 위로하고, 근무 의욕을 높인다는 취지로 '근로자(勤勞者)의 날'을 제정했다. 잉여노동을 강탈한 자들이, 잉여노동을 강탈당한 자들을 위로하다니! 물론 거기에는 노동자 자신의 인간적 권리에 대해 입 다물고, 노동조합 활동이나 정치 활동 따위는 꿈도 꾸지 말고 시키는 대로 부지런히 일만 하라는 강력한 암시가 들어 있다. 그런 말이 지금도 행정적, 법적 용어로 버젓이 쓰이고 있다.

요새 정치권에서 유행하는 '경제민주화'라는 말도 다분히 현실을 은폐한다. 경제민주화에는 필히 두 가지 전제가 따른다. 첫째, 정치와 경제는 분리된 영역이라는 것. 둘째, 정치민주화는 이미 이루어졌다는 것이다. 하지만 정치와 경제는 분리된 영역이 아니다. 정치는 경제의 현상이고, 경제는 정치의 본질이다. 본질이 바뀌어야 현상이 바뀐다. 따라서 정치민주화는 경제민주화라는 필요조건이 선행해야 한다.

사실 그들이 말하는 정치민주화란 군부독재를 자본독재로 바꾼 것을 뜻한다. 더불어 그들의 경제민주화란 '재벌 자본독재'를 '일반 자본독재'로 희석하는 데 초점이 맞추어져 있다. 그러나 진정한 의미의 경제민주화는 생산의 주역인 노동자가 자본가를 구축(驅逐)한 뒤 스스로 경제의 주체가 되었을 때 가능하다. 이는 생산수단에 대한 사회적 소유를 의미하며, 당연히 자본주의 체제를 넘어서야 하는 일이다. 입으로 경제민주화를 말하는 이들에게 과연 그럴 생각이 조금이라도 있을까.

착취 은폐하는 용어 조작의 메커니즘

말에도 신분이 있다. 옛적에는 임금의 말과 백성의 말이 다르고, 양반의 말과 상놈의 말이 달랐다. 예를 들어 '밥' 하나를 가지고도 임금이 먹는 밥은 '수라', 양반이 먹는 밥은 '진지', 머슴이 먹는 밥은 '입시'라 했다. 한편 절대 권력자로서 '임금이 쓰는 말'을 어용(御用)이라 했다. 임금에 대한 극존칭의 뜻을 가진 '어(御)'는 본래 '짐승을 길들이다, 다스리다'라는 뜻을 가진 말이다. 임금은 백성을 길들이고 다스리는 절대적인 존재임을 나타낸다.

오늘날에도 적대적인 계급은 서로 다른 용어를 사용한다. 그리고 물질적 힘을 가진 지배계급은 시시때때로 용어를 조작하며 끊임없이 착취 현실을 은폐한다. 사회의 물질적 힘을 지배하는 계급은 사회의 정신적 힘도 지배하기 때문이다. 물리적으로 때려잡고 이데올로기로 교육한 뒤, 일상적인 용어 조작으로 피지배계급의 내면에 복종을 심는 것이다. 오늘날 거기에 앞장서는 것들을 일러 '어용'이라 부른다. '어용노조', '어용학자', '어용단체', '어용예술'처럼 어용은 지배 권력의 앞잡이 노릇을 일컫는다.

이러한 어용의 원조는 일제강점기 조선어 말살정책에 두

팔 걷어붙이고 나선 조선의 엘리트들이었다. 그 전통이 자본주의 말기 시대인 오늘날까지도 면면히 이어지고 있다. 다만 일제강점기 어용이 민족 간의 식민지 질서 유지에 기여했다면, 오늘날의 어용은 계급 간의 착취 질서를 유지하는 데 기여한다. 그 점에서 한경연의 터무니없는 용어 조작 시도도 단순한 해프닝일 수만은 없다.

온갖 지배 도구와 매체를 이용하여 조작된 말로 계급 지배를 미화하거나 은폐하는 시도는 이제 일상이 되었다. 말은 '어용(御用)'의 가장 유효한 수단이기 때문이다. 따라서 반자본주의 투쟁의 전선에 선 우리는 지배계급의 교묘한 이데올로기 '용어'와도 끊임없이 맞서 싸워야 한다. 《어용사전》은 그 싸움의 작은 실천이다.

박남일

차례

1

존재가 의식을 규정한다

2

시장경제라는 유령이 세계를 배회하고 있다

3

중요한 것은 세계를 변혁하는 것이다

4

역사는 비극과 희극으로 반복된다

5

쇠사슬을 잃고 세계를 얻어라

6

제 갈 길을 가라

존재가 의식을 규정한다

"인간의 의식이 그들의 존재를 규정하는 것이 아니라,
그들의 사회적 존재가 그들의 의식을 규정하는 것이다."

카를 마르크스, 《정치경제학 비판을 위하여》

교과서

역사교과서는 기본적으로
지배 이데올로기
주입을 위한 도구다.

'극우반공' 역사교과서 보급 실패에 대해 박근혜 정권
관료들은 분개했다. 하지만 실상 그들이 억울해할 건
없다. 학교에 채택된 나머지 역사교과서들도 충분히
자본주의 이념 편향적이어서 지배 이데올로기를
주입하는 데는 별 문제가 없기 때문이다. '극우반공'
교과서는 비록 교실 점령에는 실패했지만, 논란을 일으킨
것 자체만으로도 의도를 관철했다. 나머지 교과서들이
가진 '자유주의 우파' 이념 편향의 문제를 은폐하는 데
크게 기여했기 때문이다. 학교 역사교과서는 기본적으로
지배 이데올로기 주입을 위한 도구다. 지금의 학교에
노동자와 인민을 위한 교과서가 없다는 사실이야말로
놀랍고 중요한 일이다.

교권

중요한 것은 교권이 아니라
모두에게 적용되는
보편적 인권이다.

학생은 교사의 그림자도 밟지 말고, 교사는 교장의
그림자도 밟지 말고, 교장은 고위 교육행정 관료의
그림자도 밟지 말고, 관료는 임명권자에게 한없이 머리를
조아려야 하는 것. 그것이 바로 교권(敎權)이다. 거꾸로
말하면, 국가권력은 교육행정 기관을 밟아도 되고,
교육행정 기관은 학교를 밟아도 되고, 교장은 교사를
밟아도 되고, 교사는 아이들 인권을 웬만큼 밟아도 되는
권리다. 그러므로 이 수직적 신분 질서의 최종 피해자는
학생이며, 그들의 힘없는 부모들이다.

제자의 그림자는 밟아도 되지만 스승의 그림자는 밟지
말아야 하는 교권. 그것은 사농공상(士農工商)의 순서로

인격과 신분이 갈리던 봉건 시대 이데올로기에 따른
어용 논리다. 만약에 그 권리가 지금도 존중되어야
한다면, 학생들은 '학권(學權)'을, 농민은 '농권'을,
노동자는 '노권'을 상인은 '상권'을, 의사는 '의권'을
사회적으로 동일하게 존중해달라고 요구할 수 있다.
중요한 것은 교권이 아니다. 모두에게 보편적으로
적용되는 인권이다.

교사의 인권과 학생의 인권은 동등하게 존중받아야 한다.
더불어 특별히 존중받아야 할 교권이 있긴 하다. 그것은
만만한 학생에 대한 체벌의 권리 따위를 말하는 게
아니다. 국가권력과, 쫀쫀하기 짝이 없는 행정 관료들의
간섭과, 자본의 유혹과, 자녀 성적에 독이 오른 부모들의
이기심에 휘둘리지 않고, 자신의 신념에 따라 인격적으로
가르치고 배울 권리다. 그 교권은 교사와 학생 모두에게
공통된 권리다.

교복

교복은 학생에게는 굴레이고
부모에게는 헛돈이며
자본가들에겐 돈줄이다.

입학할 때는 비용과 디자인 때문에 스트레스를 받는다.
학교에 다니는 동안에는 치마 길이나 바지통 줄이는 데
사활을 건다. 졸업식 날에는 찢는 데 자존심을 건다.
이처럼 아이들에게 교복은 줄일 때와 찢을 때 비로소
의미가 발생한다. 이에 대해 어른들은 잔뜩 눈살을
찌푸리고, 지배 언론은 덩달아 호들갑을 떨고, 경찰은
아이들의 '교복 찢기'를 방해한다. 그러나 "우리 돈으로
산 교복 찢는데 뭔 상관이야?"라는 질문에는 모두 입을
닫고 만다.

경찰 제복이나 군복은 나라에서 사준다. 죄수복도
나라에서 사준다. 노동자들 작업복은 회사에서 사준다.

스님들 승복은 절에서 사준다. 그런데 교복은 나라에서 안 사준다. 부모 돈으로 산다. 의무교육 대상인 중학교 교복도 마찬가지다. 그러니 교복을 줄이든 늘이든 찢든 말든, 공권력이 나서서 탓할 일은 아니다. 그것을 말리거나 묵인할 권리는 교복 값을 지불한 부모에게 있다.

과거에 전두환 정권은 피 묻은 학살자의 이미지를 탈색하려는 '빅쇼'의 일환으로 교복을 폐지했다. 그러나 몇 해도 지나지 않아 슬그머니 교복이 부활했다. "사복은 옷값이 많이 들고 위화감을 조성한다"거나 "교복을 입어야 학생다워 보인다"는 따위의 이유였다. 하지만 교복을 입어도 사복 수요는 줄지 않았다. 교복으로 이른바 '명문학교'와 '똥통학교' 학생이 구별되어 위화감은 더 커졌다.* 게다가 지금 아이들은 학생다워 보이는 걸 원하지 않는다.

그럼에도 굳이 교복이 부활된 건 교복 시장의 엄청난 매출 때문일 것이다. 개천에서 용 나던 시절에 교복은 학교 문턱도 넘지 못한 다수 인민에게 부러움의 대상이었다. 그러나 개천에서 지렁이도 살기 힘든 요즘에 교복은, 학생에게는 굴레이고 부모에게는 헛돈이며 자본가들에겐 돈줄이고 국가에는 통제수단이다. 교복은 아이들의 옷 입을 자유를 박탈한다.

★ 이와 관련된 신문기사 가운데 이런 내용이 있다. "나름 공부깨나 하는 아이들조차 뭐라는지 아세요? 이렇게 된 바에야, 매일 입고 다니는 교복이 자색과 비색, 청색, 황색으로 철저하게 구분됐던 과거 신라 시대 골품제도 복장과 뭐가 다르냐며 씁쓸하게 웃어요. 교복을 입으면 애교심이 생긴다는 말, 그런 헛소리, 개나 주라고 하더군요."

오마이뉴스, 〈'똥통학교'라는 낙인, 체벌을 부른다〉

교육

오늘날 한국의 교육은
인격 대신 '상품'을 길러내는
거대한 시장이다.

사료를 먹여서 짐승을 기르는 일은 사육(飼育)이다. 지식을
가르쳐서 사람을 기르는 일은 '교육(敎育)'이다. 사육은
살을 찌워 정육시장에 고기를 팔기 위한 짓이요, 교육은
요령을 익히게 하여 채용시장에 능력을 팔아먹으려는
짓이다. 먹여서 기르든 가르쳐서 기르든 나중에
팔아먹으려는 속내는 비슷하다. 결국 둘 다 비용을 들여
상품을 기르는 일이다. 그런데 송아지 사육에 필요한
비용을 어미 소가 부담하지는 않는다. 그러나 아이들
교육에 필요한 비용의 상당 부분은 그 부모가 부담한다.
이처럼 인간이 소보다 지혜롭지 못하게 된 건, 개천에서
용 난다는 까마득한 전설 때문인가.

송아지는 축사가 아닌 풀밭에서 뛰고 싶어 하고, 아이들은 학교가 아닌 마을에서 놀고 싶어 한다. 사육이 송아지를 위한 게 아니듯, 교육도 아이들을 위한 게 아니다. 따라서 어미 소는 송아지를 축사에 밀어 넣지 않는다. 그러나 사람 부모는 주술에 걸린 듯 제 자식을 교육이라는 올가미에 밀어 넣는다. 옛 아이들은 호랑이보다 곶감이 무서웠지만, 요즘 아이들은 교육이 무섭다. 국어사전에 따르면 교육은, 지식과 기술 따위를 가르치며 '인격'을 길러주는 것이다. 그러나 인격 대신 '상품'을 길러내는 오늘날 한국의 교육은 그 자체가 자본가에게 이윤을 선사하는 거대한 시장(市場)이다.

극기

타의에 의한 극기는
순종의 정신으로
무장하는 것이다.

병영문화를 팔아먹는 이벤트업자와, 거기에 휘둘리는
학교와, 그에 동조하여 지갑을 여는 부모들이 연합하여
질풍노도들을 제압할 목적으로 행하는 '해병대 캠프'는
'극기(克己)'를 명분으로 내세운다. 그러나 이들 파시즘
네트워크에서 말하는 '극기'라는 것은 세상의 오류를
외면하고 불의를 참아내는 인내력을 길러 절망 속에서도
무한 굴종과 순종의 정신으로 무장하고, 체제가 자신에게
가하는 굴욕을 잘 참고 견디어 충성스러운 어른으로
자라는 데 꼭 필요한 덕목이다. 자신(自身)을 이김으로써
결국 자아(自我)를 포기하게 만드는 것이다. 타의에
의한 극기. 그것은 학대행위에 무감각한 유전자를 길이
보전하고자 하는 집단 욕망이 만든 이데올로기다.

꿈

꿈꾸는 사람이 아니라
꿈에서 깬 사람이 뜻을 이룬다.

일본에 '코이'라는 이름을 가진 잉어가 있다. 지진을
미리 감지하는 능력이 있어 일본인들에게 관상어(觀賞魚)로
인기가 있다. 그런데 코이는 특이하게도 작은 어항에서는
손가락 하나 크기만큼 자라는데 연못에서는 어른 한
뼘 길이로 자라고, 또 넓은 강에서는 어린아이 키만큼
자란다고 한다. 이렇듯 사람도 '꿈의 크기가 성공의
크기를 결정한다'고 한다. 흔해빠진 자기계발 강의에서도
종종 인용되는 이야기다.

그런데 허황된 꿈을 팔아먹고 사는 부르주아
이데올로그들의 비유는 종종 뒤집어 보아야 의미가
살아난다. 요컨대 코이는 원래 넓은 강에서 마음껏

헤엄치며 어린이 키만큼 자라던 잉어였을 것이다. 하지만 망할 인간들에 의해 어항에 갇힌 잉어는 아무리 꿈이 커도 손가락 크기밖에 자라지 못하고, 연못에 갇힌 잉어는 아무리 꿈이 커도 한 뼘밖에 자라지 못하게 되었을 터. 아무리 꿈이 커도 처지가 나쁘면 그 꿈을 이룰 수 없다는 사실이야말로 잉어 코이가 인간들에게 주는 교훈일 것이다.

성공한 소수는 실패한 다수에게 늘 말한다. 꿈을 가지라고. 하지만 이들이 말하는 꿈이란 곁을 돌보지 않는 이기적 욕망을 포장한 말이다. 그런 꿈은 결국 만인에 대한 만인의 투쟁을 일으키는 화근이다. 넓은 강에서 평화롭게 자라는 잉어는 꿈꿀 필요가 없다. 세상이 평화롭고 평등하다면 사람 또한 애써 꿈꿀 필요가 없다. 꿈꾸는 사람이 아니라, 꿈에서 깬 사람이 뜻을 이룬다. 꿈꾸지 않고 잠꼬대도 하지 않고 푹 자야 정신 건강에도 좋다. 꿈보다 소중한 건 평화로운 숙면(熟眠)이다.

남성인권

남성인권주의자는
왜곡된 국가주의의
피해자들이다.

남성인권주의자들은 말한다. "남자들만 군대 가는
게 억울하다. 취업 때 우리에게 군가산점을 주는 게
당연하다. 이를 방해해온 '꼴페미(골수 페미니스트)'와
여성부는 폐지하라. 아니면 여자들도 군대에 가라!"고.
하지만 남성의 병역의무는 여성 때문에 생긴 게 아니다.
지배적 남성들과 그들의 국가 때문에 생긴 것이다.
그럼에도 병역의무의 억울함을 여성 탓으로 돌리는 것은,
힘센 아버지에게 뺨 맞고 약한 누이에게 분풀이하는
격이다. 남성인권주의자는 곧 남성우월주의자다.
어떤 말로 불리든 이들은 결국 왜곡된 국가주의의
피해자들이다. 게다가 이들이 말하는 '양성평등'이란
남성과 여성이 평등하게 억울해야 한다는 물귀신 논리다.

또래집단

또래집단은 학교 때문에
억지로 형성된
감옥이다.

성장기 아이들을 실질적으로 가르치고 이끄는 것은
부모도 아니고 교사도 아니다. 의무교육 기간인
초등학교와 중학교 9년, 그리고 사실상 의무교육인
고등학교 3년까지, 성장기 아이들은 무려 12년 동안이나
또래집단의 지배를 받는다. 좋든 싫든 속하여 경쟁을
해야만 하는 이 집단 안에서 어물거리는 아이는 공동의
적이 되고, 수업 시간에 발표를 잘하거나 학교 일에
앞장을 서면 공동의 적이 되는 등 또래집단의 구속은
강고하다.

학교에 갇힌 아이들에게 가장 무서운 건 경찰도 아니고
교사도 아니다. 아이들은 자신이 속해 있는 또래집단의

시선이나 평판, 거기에 형성된 질서를 가장 무서워한다.
그것은 아이들에게 가장 직접적이고 강력한 권력이다.
어른들의 패거리 문화를 모방한 이 권력은 아이들로
하여금 교복을 찢고, 집단따돌림을 당하고, 학교폭력을
유발하고, 심지어는 자살 충동을 일으킨다.

또래집단은 학교 때문에 억지로 형성된 감옥이다.
아이들은 그 감옥의 운영 주체인 동시에, 거기에 갇힌
죄수들이다. 따라서 아이들을 감옥에서 해방시키려면
학교 제도 자체를 없애야 한다. 학교가 사라지면
강제적 또래집단도 사라질 테니까. 현실적으로 그게
불가능하다면, 큰 학교를 작은 학교 여러 개로 나누고,
또래집단 규모를 줄이고, 교사를 늘려야 한다. 현실적인
방안은 결국 '작은 학교'에 있다.

맹모
삼천지교

처음부터 글만 배웠다면
그는 평범한 벼슬아치에
머물렀을 것이다.

맹자는 어렸을 적에 공동묘지 근처에서 살았다. 덕분에
장례 때 곡하는 흉내를 내면서 혼자 놀았다. 이를
눈꼴사납게 여긴 어머니는 시장 근처로 이사를 했다.
그러자 맹자는 시장의 장사꾼 흉내를 내며 놀았다.
그 또한 맘에 들지 않아 어머니는 글방 근처로 집을
옮겼다. 비로소 맹자는 글공부를 하게 되었다. 이를
'맹모삼천지교(孟母三遷之敎)'라 한다. 자식 교육에서 주변
환경의 중요함을 강조할 때 흔히 인용되는 말이다.
글방으로 이사한 덕분에 맹자는 공부를 시작했고, 그
결과 돼먹지 못한 왕은 갈아치워도 된다고 역설한
민본주의 사상가가 탄생했다는 논리다.

맹모삼천지교 고사는 오늘날 학군을 따라 위장전입을 하다가 들킨 부모들이 내뱉는 변명이기도 하다. 그런데 이 고사는 거꾸로 해석할 필요가 있다. 만약에 맹자가 부유한 집안에서 태어나 처음부터 글만 배웠다면, 그는 제 잇속만 챙기는 평범한 벼슬아치가 되었을 것이다. 오히려 그는 공동묘지 곁에서 가난한 사람들의 애환이 서린 장례식을 접하며 남의 아픔에 공감하는 감성을 키웠을 터이다. 이어 시장 근처에서는 치열한 삶의 현장을 날것으로 접하며 먹고사는 일의 중요함을 깨달았을 것이다. 그처럼 세상을 폭넓게 바라보는 마음으로 공부했기 때문에 맹자는 매력적인 사상가가 되었던 것이다.

모성본능

모성본능은 양육노동의
책임을 전가하려는
가부장적 이데올로기가
작용한 결과다.

부성(父性)을 본능과 결부시키는 경우는 별로 없다.
더불어 '부성애'를 들먹이는 사람도 거의 없다. 그러나
모성(母性)은 줄곧 본능과 연결된다. 동물 생태학자나
뇌 과학자들은 모성이 본능이라고 한다. 그런데 여성들
상당수는 스스로 모성애를 느끼지 못한다고 말한다.
아기가 예쁘긴 하지만 그게 모성본능인지는 모르겠다고
말한다. 심지어 아기가 밉다는 여성도 있다. 이처럼
주체들도 스스로 부정하는 모성을 특별한 본능이라
보기는 어렵다.

모성이 본능이라면 부성도 본능이어야 하고, 부성이
본능이 아니라면 모성도 본능이 아니어야 한다. 새끼를

긍휼히 여기는 인간의 마음은 애초에 모성애와 부성애로 나눌 필요가 없는 것이었다. 그럼에도 모성애만을 특별한 본능인 것처럼 강조하는 것은, 여성에게 양육노동의 책임을 전가하려는 가부장적 이데올로기가 작용한 결과로 보인다. '모성본능'이라는 말은 가정이라는 작은 왕국 안에서 어머니와 아내의 희생을 먹고 사는 남성들의 자기합리화 의도를 담고 있다.

문자

문자는 저항의 도구가 아니라
지배의 도구로 요긴하게 쓰인다.

지배 엘리트들은 주로 이데올로기를 구축하는 데 문자를
사용한다. 그들에게 문자는, 보이는 폭력을 보이지
않는 폭력으로 교묘하게 감추어주는 사악한 수단이다.
반면 피지배계급은 주로 생각의 쓰레기를 배출하는
데 문자를 사용한다. 이들에게 문자는, 보이는 폭력과
보이지 않는 폭력으로 인한 분노를 해소하는 수단이다.
초기 문명사회나 지금이나 문자는 저항의 도구가 아니라
지배의 도구로 요긴하게 쓰인다.

믿음

현실을 있는 그대로
반영하지 않는
믿음은 미신이다.

혈액형은 성격과 관련이 있을까?《한국심리학회지》(제19권
4호)에 게재된 '혈액형별 성격특징에 대한 믿음과 실제
성격과의 관계'에 따르면, 혈액형과 성격의 관계에
대해 대학생들을 대상으로 연구를 실시한 결과 성격의
5요인*과 혈액형 간에는 유의미한 관계가 없다고
한다. 다만 혈액형과 성격이 관련이 있다고 굳게 믿는
사람일수록 자신이 믿는 성격대로 행동하는 경향은 있는
것으로 나타났다. 반면 그 믿음 수준이 낮은 사람들의
경우에는 혈액형과 실제 성격 간에 관련성이 발견되지
않았다고 한다.

혈액형은 성격을 규정하지 않는다. 다만 그것을 거꾸로

믿는 사람들의 고정관념, 즉 의식이 실제 성격에 반영될 뿐이다. 전제가 잘못된 논리가 잘못된 믿음을 만들고, 잘못된 믿음은 다시 전제를 뒤엎어 제 오류를 감추는 것이다. 부재하는 신(神)에 대한 믿음이 현실에 작동하는 경로도 이와 비슷하다. 현실을 왜곡하는 신에 대한 믿음은 거꾸로 된 현실을 정상으로 보이게 하고, 제대로 된 현실을 거꾸로 보이게 한다. 그 점에서 종교적 믿음은 현실에 대한 거꾸로 된 반영이다. 현실을 있는 그대로 반영하지 않는 믿음은 미신이다.

★ 성격의 5요인이란 가장 보편적인 성격유형 검사 요소로 알려진 개방성(Openness to experience), 성실성(Conscientiousness), 외향성(Extraversion), 친화성(Agreeableness), 신경성(Neuroticism) 등을 말한다. 이 가운데 개방성은 상상력과 호기심, 모험심, 예술적 감각 등이 발휘되는 것으로 보수주의에 반대되는 성향을 말하며, 성실성은 목표를 성취하기 위해 성실하게 노력하는 성향을, 외향성은 다른 사람과의 사교, 자극과 활력을 추구하는 성향을, 친화성은 타인에게 반항적이지 않은 협조적인 태도를 보이는 성향을, 신경성은 분노, 우울, 불안과 같은 불쾌한 정서를 쉽게 느끼는 성향을 말한다. 이 다섯 가지 요소로 이루어진 모델을 영문 스펠링의 첫 자를 따서 'OCEAN' 모델이라 부르기도 한다.

본성

성선설은 허망한 이상이며,
성악설은 부당한 가설이다.

동양철학인 주자학에 따르면 인간의 본성은 '물잔 속에
담긴 보석' 같은 것이다. 잔 속의 물이 맑으면 본연의
빛이 나오고, 물이 흐리면 본연의 빛이 가려진다고
한다. 흉악한 범죄자의 본성에도 보석은 들어 있다.
이처럼 동양철학은 대개 인간의 본성을 선한 것으로
본다. 따라서 그 선이 가려지지 않도록 끊임없이 스스로
수양을 하라고 가르친다. 반면 서양철학의 줄기인 기독교
사상은, 원죄를 지고 태어난 존재로서 인간의 본성은
악하다고 본다. 그리스도라는 객관적 존재가 다가와서
닦아주어야만 원죄가 씻겨나간다. 따라서 끊임없이
신에게 용서를 청해야 한다. 인간적인 것은 악하고
신적인 것은 선하다는 논리다.

인간의 본성은 착한 것일까, 악한 것일까? 이 부질없는
논쟁은 아직도 진행 중이다. 사실 인간의 본성을
선악으로 가를 수는 없다. 그것은 잔 속의 보석도 아니고
원죄 덩어리도 아니다. 성선설은 허망한 이상이며,
성악설은 부당한 가설이다. 본성은 실재하지 않는다.
어떤 철학자도 인간 본성의 실체를 입증한 바 없다.
오직 선한 본성을 말할 때는 주로 지배자를, 악한
본성을 말할 때는 주로 피지배계급을 모델로 삼았다.
그 점에서 본성이라는 개념은 다분히 계급적이다.
지배 이데올로그로서 철학자들이 본성에 집착하는 건,
인간의 성품과 물질적 현실 사이의 인과관계를 떼어놓기
위해서다.

사교육
탈출

사교육 문제는
공교육 문제에서
파생된 것이다.

사교육비 때문에 부모들 등골이 휜다고 한다. 그래서
이른바 '사교육 탈출'이라는 이름으로 '사교육 없이 공부
잘하는 방법'이 학부모들 사이에서 각광을 받고 있다고
한다. 사교육비 들이지 않고 성적 경쟁에서 승자가 될
수 있다는 말에 부모들 눈이 번쩍 뜨이는 건 당연지사일
터. 하지만 그 방법이란 게 대개는 '똑똑한' 부모가
되어 자녀에게 부지런히 무언가를 준비해주는 '매니저'
역할을 하라는 것이다. 사교육은 탈출해도 대학입시
경쟁에서는 결코 탈출할 수 없다는 '도로 사교육'
논리다. 게다가 형편이 어려운 '맞벌이' 부모나 '똑똑치
못한' 부모들에게는 마음은 있어도 실천하기는 어려운
방법이다.

이와 같은 사교육 탈출론에는 자본주의적 경쟁을 길들이며 학벌을 재생산하는 왜곡된 공교육 제도에 대한 문제 제기가 없다. 오히려 부모들의 개인적 욕망과 불안을 자극하여 흥행을 노리는 자기계발 상품 혐의가 짙다. 사교육은 공교육의 그림자일 뿐이다. 따라서 만만한 사교육만 두들겨 팰 것이 아니라, 성적 경쟁을 유발하여 수많은 들러리를 양산하는 공교육을 먼저 두들겨야 한다. 공교육은 절대적 성지가 아니다. 또한 사회적 책임감과 양심을 가진 부모라면 자녀에게 '학벌 철폐'나 '자발적 낙오'를 권유하지는 못하더라도, 대놓고 '공부 잘하는 법'을 수집하러 다니지는 말아야 한다. 사교육 문제는 어디까지나 공교육 문제에서 파생된다.

사랑

사랑은 아직 채우지 못한
이들 사이에 일어나는
비장한 욕망이다.

사랑은 완성에 대한 충동에서 비롯된다. 자신의 결핍을
상대로부터 채우고, 상대의 결핍을 자신이 채워줄 수
있으리라는 야릇한 착각이 서로를 갈구하게 한다. 하지만
결핍이 충족될수록 상대를 갈구하는 마음은 줄어들고,
사랑은 점점 진부해진다. 강렬한 사랑은 미완성
상태에서나 가능하다. 개인에 대한 사랑도, 만인에 대한
사랑도 그렇다. 사랑은 아직 채우지 못한 이들 사이에
일어나는 비장한 욕망이다. 그 욕망을 끌고 가려거든,
채우지 말고 비워야 한다.

사춘기

사춘기 청소년들을
반항하게 하는 건
주로 비겁한 어른들이다.

어린이와 어른 사이에서 방황하는 주변인. 이유
없이 반항하는 것들. 격정을 다스리지 못하는
질풍노도(疾風怒濤). 언제 터질지 모르는 폭탄. 대책 없는
괴물들. 이른바 전문가들이 사춘기(思春期)라는 제목으로
그린 청소년들의 초상이다. 그 때문에 부모들은
청소년기의 자식들 앞에서 무기력한 방관자가 되기
십상이다. 좌절과 불만, 극단적 사고, 과격한 감정,
정서적인 동요 따위의 말로 이들의 얼굴에 덧칠을
하면서.

하지만 사춘기는 글자 뜻 그대로 봄을 생각하는
시절이다. 마땅히 희망에 부풀어 아름다운 충동이

벅차오르는 때다. 이몽룡과 성춘향이, 로미오와
줄리엣이 그랬던 것처럼. 더불어 사춘기는 간혹 세상의
불의한 것들에 대해 불같은 분노를 뿜어내기도 하는
때다. 유관순이 질풍노도같이 독립만세운동에 앞장선
것처럼. 4.19혁명 때 수많은 고등학생들이 독재를 향해
질풍노도로 달려든 것처럼.

지금의 청소년들이 방황하는 이유는 마땅히 갈
곳이 없어서다. 이들을 반항하게 하는 건 주로
비겁한 어른들이다. 이들을 질풍노도로 만든 건
후안무치(厚顏無恥)한 어른들이다. 이들을 폭탄으로 만드는
건 입시지옥의 억압이며, 이들이 괴물이 되게 한 건
학교라는 동물원이다. 그럼에도 사회가 청소년에게
가하는 온갖 고통을 '사춘기'라는 생물학적 용어
안에 뭉뚱그려 처넣는 것은 갱년기 권력자들의 질투
때문일지도 모른다.

세뇌

올바른 사상은
세뇌가 아니라 그 자체의
진리성으로 전파된다.

국어사전에 의하면 세뇌(洗腦)는 '사람이 본디 가지고
있던 의식을 다른 방향으로 바꾸게 하거나, 특정한
사상·주의를 따르도록 뇌리에 주입하는 일'이라고 한다.

중학교 때 도덕 선생은 '세뇌'는 무서운 것이라 했다.
그는 출석부 검은 표지를 가리키며 "이 까만색도 계속
하얗다, 하얗다고 반복하면 어느 순간 진짜로 하얗게
보인다. 공산주의 사상도 그렇게 세뇌된다"고 말했다.

하지만 선생의 말은 틀렸다. 반복된 주입으로 세뇌
효과를 볼 수 있는 것은 공산주의 사상이 아니라
자본주의 상품이기 때문이다. 상품은 반복되는 광고의

주입으로 세뇌되는 반면, 사상은 그 자체의 진리성으로 전파된다. 게다가 세뇌될 수 있는 것은 올바른 사상이 아니다. 그것은 사상이라는 이름의 상품일 뿐이다.

스승

오늘날 스승은
성공 이데올로기를
충실하게 전파하는 사람이다.

국어사전에 따르면 스승은 '자신을 가르쳐서 인도해준
사람'이라 한다. 요즘에는 '경쟁'에서 이기는 법을 가르쳐
'출세와 성공'으로 인도해야 훌륭한 스승이다. 스승의
그런 가르침과 인도는 뛰어난 소수에게는 은혜이지만
저열한 다수에게는 무망(無望)한 세뇌일 뿐이다. 보편적
스승들이 제자들에게 베푼 은혜의 총량은, 사회가
스승들에게 베푼 혜택의 총량에 턱없이 모자란다. 따라서
스승의 날*을 맞아 스승의 은혜를 기리기 전에 스승의
폐해를 먼저 논할 일이다.

오늘날 스승의 뜻은 '학교라는 상부 구조 영역에
고용되어 나랏돈으로 먹고 살면서, 체제 유지의

이데올로기를 충실하게 전파하는 교수, 교사, 강사 등을 일컫는 말'로 다시 정의되어야 한다.

★ 1958년 5월 8일(적십자의 날)에 청소년적십자 단원들이 병석에 있거나 은퇴한 교사들, 불우한 처지의 은사들을 방문하거나 위로한 데서 비롯되었다. 이어 1963년, 청소년적십자 중앙학생협의회에서 5월 26일을 스승의 날로 정하고 사은행사를 열었으며, 1965년부터는 세종대왕 탄신일인 5월 15일로 변경했다. 한글을 창제한 세종대왕을 민족적 스승의 본보기로 삼은 것이다. 그 뒤 1973년에 사은행사를 규제하면서 스승의 날이 일시 폐지되었으나 일부 학교에서는 이날을 계속 기념했고, 1982년 스승을 공경하는 풍토 조성을 위해 다시 부활시켜 현재에 이르고 있다.

신뢰

부당한 지배사회에서
신뢰의 정치인은 사실상
불신의 정치인이다.

정직한 사람에게 신뢰를 얻으려면 스스로 정직해야
하지만, 도둑놈에게 신뢰를 얻으려면 스스로 도둑질을
잘해야 한다. 정직한 사람은 대개 정직한 사람을
신뢰하지만, 도둑놈은 대개 비슷한 도둑놈을 신뢰한다.
정직한 사람은 도둑놈에게 배신당하기 쉽고, 도둑놈은
정직한 사람에게 배신당할까 두렵기 때문이다.

주체와 대상에 따라 신뢰는 불신이 되고 불신은 신뢰가
되기도 한다. 신뢰와 불신은 개인의 양심이 아니라
관계의 성격에 따라 규정되기 때문이다. 그러므로 부당한
지배가 고착된 사회에서 '신뢰의 정치인'은 사실상
'불신의 정치인'이다. 그들의 신뢰가 우리에게 불신이고,

우리의 신뢰가 그들에게 불신일 수 있다. 지배관계가
거꾸로 된 사회에서는 말의 의미도 거꾸로 쓰일 수밖에
없다.

애국심

애국심이란
우상을 향한
눈 먼 사랑이다.

우리 일상에는 사랑이 넘쳐난다. 틈만 나면 학교에서는
애교심을 요구하고, 지역에서는 애향심을 요구하고,
회사에서는 애사심을 요구하고, 국가에서는 애국심을
요구한다. 하지만 애교심의 수혜자는 주로 교장
선생이고, 애향심의 수혜자는 주로 지역 토호이고,
애사심의 수혜자는 주주 자본가이고, 애국심의 수혜자는
지배 권력자다. 그런데 사랑은, 사랑하고자 하는 쪽에서
표현하는 것이지, 사랑받고자 하는 쪽에서 요구하는 게
아니다. 사랑은 주는 쪽에서 스스로 우러나는 것이지,
받는 쪽에서 억지로 끌어내는 게 아니다.

"너를 사랑해"라고 말하는 건 상식이지만, "나를

사랑해줘!"라고 구걸하는 건 몰상식이다. 그래서 버나드
쇼는 말했다. "애국심이란 단지 여기서 태어났다는
이유만으로 이 나라가 다른 나라에 비해 우월하다고
믿는 신념"이라고. 또 오스카 와일드는 "애국심은
사악한 자의 미덕"이라고 했다. 그럼에도 국가가
애국심을 요구하는 건 낯 뜨거운 일이다.

불타는 애국심. 그것은 우상을 향한 눈먼 사랑이거나,
강요된 사랑이거나, 세뇌된 사랑이다. 인간을 사랑하는
사람이 국가를 사랑하기 어렵고, 국가를 열렬히 사랑하는
사람이 인간을 제대로 사랑하기는 어렵다.

엄마

엄마는 희생과 헌신을
강요당하는 존재다.

《하루 3시간 엄마 냄새》라는 책이 있다. '아이에게는
엄마가 답'이라고 한다. 제목을 뒤집어 보면, 아빠 냄새는
하루 13시간을 맡게 해도 답이 아니다. 아이에게 아빠나
할머니나 고모나 선생님은 오답이다. 그러니 엄마 냄새를
빌릴 수도 없고 돈 주고 살 수도 없는 처지의 아이들은
그저 오답 속에서 헤맬 수밖에 없다. 이런 종류의 상업
출판물이 범람하는 까닭에 아무 때나 "아이는 엄마가
키워야 해"라는 말이 흘러나오게 된다.

《엄마의 착각이 아이를 망친다》는 책도 있다. 엄마들에게
육아 책임을 덮어씌워 놓고는, 아이가 잘못되면 엄마를
탓한다. 아이를 망친 게 엄마라면, 엄마를 그토록

망쳐놓은 것들도 있게 마련이다. 그 때문인지 《엄마도 상처받는다》라는 책도 나왔다. 무한한 희생의 상징처럼 여겨지는 엄마도 때로는 아이에게 상처를 받는다는 말이다. '여자는 약하지만 엄마는 강하다'는 모성애 이데올로기에 맞선 모기 소리 같은 항변이다.

그런데 모성애를 발딱 뒤집는 책도 있다. 《엄마가 아이를 아프게 한다》는 제목의 책이다. 그러고 보면 엄마는 냄새만으로 아이에게 답이기도 하고, 착각으로 아이를 망치기도 하고, 아이 때문에 상처를 받기도 하고, 아이를 아프게도 하는 존재다. 하지만 엄마의 진짜 정체는 따로 있다. 엄마는 육아와 가사 등 사회적 노동력의 재생산을 헐값으로 도맡아, 희생과 헌신을 강요당하는 존재다.

엄벌주의

엄벌주의는 폭탄을
더 큰 폭탄으로 제압하는
공포의 확장일 뿐이다.

상습적 성범죄나 끔찍한 성폭력 사건이 일어나면 잠재적
피해자인 여성들은 물론이고 잠재적 가해자인 남성들도
증오와 분노로 뜨겁게 달아오른다. 그리하여 '화학적
거세'니 '물리적 절단'이니 하는 말이 흘러나오기도 한다.
더불어 엄벌주의 도입을 요구하며 일벌백계(一罰百戒)를
외친다. 만만해 보이는 '한 놈'을 죽도록 패서 공포
분위기를 조성하여 나머지를 벌벌 떨게 해야 범죄가
예방된다는 논리다.

그런데 다스리는 방법이 다를 뿐 사실은 가해자와
비슷한 욕망과 성기를 지닌 수컷들이 '한 놈'에게
최대한의 분노를 표출하는 이유는 간단하다. 이미 드러난

'한 놈'을 제물로 삼아 선 긋기를 함으로써 자신들은 '안 한 놈'이라는 사실을 돋보이게 하려는 것이다. 그러니 엄벌주의는 폭탄을 더 큰 폭탄으로 제압하는 공포의 확장일 뿐이다. 성범죄에 대한 가장 확실한 예방책으로 모든 남성의 성기를 제거하자고 제의할 수 없다면, 함부로 엄벌주의나 일벌백계를 외칠 일이 아니다. '한 놈'의 드러난 행각만큼이나 아직 '안 한 놈'들의 보편적 욕망도 무서운 것이다.

여성성

성정체성의 이분화는
성차별적 노동분화를
합리화한다.

흔히 '여성스럽다'는 말은 연약하고 온화하고
평화로워서 사람을 잘 보살필 것 같은 이미지를 담고
있다. 이런 성향을 여성성(Femininity)이라 한다. 또
'남성적이다'는 말은 강인하고 엄격하고 호전적이어서
여성성과는 반대되는 이미지를 담고 있다. 이를
남성성(Masculinity)이라 한다. 그런데 오늘날 실제로
주변을 살펴보면 강인하고 엄격하고 호전적인 여성이
많다. 또 연약하고 온화하고 평화로운 남성도 많다.

상당수 여성은 남성성을 발휘하고, 상당수 남성은
여성성을 발휘하기도 한다. 여성성은 여성의 성향이며
남성성은 남성의 성향이라고 단정 지을 근거는 없다.

따라서 여성성과 남성성의 구분이 우리에게 주는 의미는
없다. 그것은 가부장적 계급사회의 성차별 이데올로기가
의식적, 무의식적으로 내면화된 것이다. 성정체성의
이분화는 노동의 차별적 분화를 합리화한다. 덕분에
계급사회의 여성, 즉 인류의 절반은 확실히 불행했다.
3월 8일이 세계 여성의 날*로 제정된 이유이기도 하다.

★ 20세기 초, 선거권과 노조 결성의 권리도 없던 미국 여성노동자들은 하루
12시간 이상을 일했다. 공장 화재로 수많은 여성노동자가 불에 타 숨지기도
했다. 이에 1908년 3월 8일, 섬유공장 여성노동자 1만 5,000여 명이 10시간
노동과 노조 결성의 자유, 선거권 등을 요구하는 투쟁을 벌였다. 이어 1910
년 코펜하겐에서 열린 제2차 여성운동가대회에서 독일 사회주의 여성운동
가 클라라 체트킨의 제안에 따라, 이 투쟁을 기념하고자 '3.8세계 여성의 날'
이 제정되었다. 여성의 날은 '여성성'을 칭송하는 날이 아니다. 자기 해방에
대한 여성들의 용감한 투쟁을 기리는 날이다.

열심

열심히 일한 당신,
이젠 좀
한심해질지어다.

'열심(熱心)'은 뜨거운 마음이고 '한심(寒心)'은 차가운
마음이다. 사람들은 '열심히!'라는 말을 주문(呪文)처럼
달고 살며, 그렇지 못한 사람을 '한심하다'고 말한다.
열심히 일하고, 열심히 놀고, 열심히 사랑하고, 열심히
공부하라고 말한다. 주야장천 뜨겁게, 뜨겁게, 뜨겁게
달구라는 뜻이다. 결국은 마음도 몸도 태워버리라는
끔찍한 말이다. 마음이란 뜨거워지면 식혀주고
차가워지면 데워주어야 하는 것이다. 그러므로 '열심'과
'한심'은 비적대적 모순관계다. 그것은 동전의 양면이며,
좌우의 날개이며, 밤과 낮이며, 남성과 여성이며, 밀물과
썰물이다. 그러니 '열심(熱心)'히 일한 당신, 이젠 좀
'한심(寒心)'해질지어다.

의무교육

의무교육을 통해 아이들은
자본주의 이념에 충실한
예비 노동자로 다시 태어난다.

옛적 아이들은 여덟 살만 되어도 동생을 돌보고, 열
살쯤이면 소에게 풀을 먹였다. 농번기에는 일손을
거들기도 했다. 웬만한 집안일도 맡아서 했다. 이처럼
일찍부터 동네 어른들과 언니, 형을 따라 자연스럽게
제 역할을 터득해나간 아이들은 열대여섯 살쯤 되면
마을공동체 일원으로, 그리고 어른에 가까운 대접을
받을 수 있었다. 옛적의 전통적인 마을공동체는 그렇게
유지되었다.

그런데 근대화와 함께 학교가 생기면서 아이들은
일정한 나이가 되면 마을공동체를 떠나게 되었다.
처음엔 방귀깨나 뀐다는 집안의 자제들과 공부 소질이

특출한 아이들 몇몇이 자발적으로 떠났다. 그리고 의무교육(compulsory education)★이 시행되면서 아이들은 여덟 살만 되면 또래집단에 통째로 묶여 학교에 갇히게 되었다. 마치 병역의무처럼, 교육은 국가가 강제하는 의무가 되었다.

의무교육을 받는 동안 아이들은 지배자들이 규정한 행동 방식과 지식을 수동적으로 주입당하며, 자본주의 이념에 충실한 예비 노동자로 다시 태어난다. 그리고 이러한 의무교육의 수혜자는, 알량한 졸업장을 받고 교문을 나서는 아이들이 아니다. 순종에 길들여진 노동자를 공짜로 뽑아 부려먹는 자본가와 그들의 국가가 진짜 수혜자다. 사실 의무교육은 '강제교육'의 순화된 이름이다.

★ 1819년 프러시아에서 시작된 현대 의무교육은 첫째 명령에 복종하는 군인, 둘째 고분고분한 광산노동자, 셋째 정부 지침에 순종하는 공무원, 넷째 기업이 요구하는 대로 일하는 사무원, 다섯째 중요한 문제에 대해 비슷하게 생각하는 시민 등을 길러낸다는 분명한 목표에 따라 이루어졌다.

장애우

장애우라는 말에는
장애인을 시혜와 동정의
대상으로 보는
심리가 깔려 있다.

'레일로 사랑으로 장애우와 사랑나누기'《아시아경제》,
'남포항로타리클럽 중증장애우시설 성금 전달'《경북매일신문》,
'인천세관 장애우 초청 윷놀이 등 명절맞이'《세정신문》,
'해군 3함대 장병들 장애우와 함께…'《뉴시스》,
'천안서북경찰서, 장애우 복지시설 사랑 나눔
위문'《충청투데이》.

설날을 앞둔 신문 뉴스 제목들이다.
'(사)장애우권익문제연구소'라는 단체도 있다. 이처럼
아직도 장애인을 '장애우'로 부르는 비장애인들이 많다.
오직 친근감을 표현한다는 한 가지 이유로 그렇다.

그런데 장애인이 비장애인에게 "저는 장애우입니다"라고
말할 수 없다. 또 젊은 비장애인이 할아버지 장애인더러
친구라고 부르는 것도 우습다. 예컨대 노인을 '노우'라
부르지 않고, 외국인을 '외국우'라 부르지 않고, 정치인을
'정치우'라 부르지 않고, 연예인을 '연예우'라 부르지
않는다. 그럼에도 군이 '장애우'라는 말을 쓰는 데에는
장애인을 시혜와 동정의 대상으로 보는 심리가 깔려
있다. 장애인은 친근한 립 서비스가 아니라 차별받지
않고 생활할 수 있는 제도적 장치를 원한다.

장학금

가난한 학생들에게 필요한 것은
장학금이 아니라
무상교육과 평등교육이다.

장학금의 수혜자는 대부분 성적이 뛰어난 학생들이다.
그것은 예정된 승자들에게 미리 주는 혜택이다. 물론
구색을 맞추기 위해, 성적과 무관하게 형편이 가난한
미래의 패자들에게 주어지기도 한다. 그럼으로써 경쟁의
들러리들이 이탈하지 않도록 주저앉힌다. 그런데 어느
쪽이든 장학금의 수혜자들은 '선별'의 과정을 거친다.
그로써 결과적으로 성적에 따른 서열을 정당화하고,
빈부 갈등을 은폐하는 데 기여한다. 또한 선별되지 못한
다수를 도태시킬 수 있는 명분을 제공한다. 결과적으로
장학금은 학문이 아니라 학벌(學閥)을 장려한다. 가난한
다수 학생들에게 필요한 것은 장학금이 아니라
무상교육과 평등교육이다.

정체성

정체성은 통제선 밖으로
벗어나려는
개인들을 추려낼 때
쓰는 말이다.

인간의 얼굴로 위장한 괴물이 있다고 치자. 사람들은
그에게 "너의 정체를 밝히라"고 다그친다. 이때 괴물은
정체(正體)이고 인간은 변체(變體)다. 또한 겉으로 보아
성별이 의심스러운 사람을 두고 '성정체성'을 운운하기도
한다. 이처럼 집단 구성원의 공통적인 성질과 다른
존재에 의심의 눈길을 보낼 때 흔히 정체성(正體性)을
들먹인다. 이와 반대로 '대한민국의 정체성' 어쩌고 하는
것처럼, 정체성을 주체에 깃든 고상하고 거룩한 어떤
것처럼 여기는 경우도 있다. 그러고 보면 정체성만큼
정체가 불명한 말도 없다. 그렇다면 정체성의 정체는
무엇일까.

정체성에 해당하는 영어 identity는 집단과 동일하면서도 타자와는 구별되는 개인의 성질을 뜻한다. 이런 의미가 가장 잘 구현된 게 바로 주민등록증이다. 그것 자체가 한국인이라는 동일성을 나타내는 동시에, 각각의 주민등록번호로 개인들을 낱낱이 구별하기 때문이다. 결국 정체성은 집단의 동일성을 따르지 않거나 통제선 밖으로 벗어나려는 개인들을 추려낼 때 쓰는 말이다. 그렇게 솎아낸 개인들에게 "네놈의 정체가 뭐냐?"고 준엄하게 묻고자 하는 것이다. 결국 정체성은 개인에게서 발현된 것이 아니다. 그것은 국가와 집단에 의해 부여되는 것이다. 주민등록증이 그런 것처럼.

참교육

교육평등성이 빠진 교육을
참교육이라 할 수는 없다.

전교조의 슬로건은 '참교육'이며, 그에 따른 강령의
핵심은 '민족 민주 인간화 교육'이다. 그런데 이 강령은
두 가지 문제를 안고 있다. 첫째 민족교육을 전면에
내세움으로써 점점 늘어가는 다문화가정 자녀들을
한문화가정 자녀들로부터 소외시키는 불평등성을
야기한다. 이는 헌법(憲法) 제31조 제1항에 명시된
'평등하게 교육받을 권리'에도 위배된다. 둘째 오늘날
한국 교육의 주요 모순인 경쟁교육의 현실을 넘어서는
지향점으로서 평등교육 정신이 부재하다. 따라서 이 시대
교육노동자들의 집합체로서 전교조가 추구해야 할 가장
우선적인 가치는 '평등교육'이어야 한다. 교육평등성이
빠진 교육을 참교육이라 할 수는 없다.

체벌

체벌이라는 말은
그 자체가 폭력이다.

"체벌은 교육적 효과가 있는가?"라고 묻는 건 멍청한 질문이다. 체벌이 교육적 효과가 있든 없든 그 자체로 폭력이며 범죄이기 때문이다. 아무리 흉악한 범죄자라도 형법에 따라 '처벌'을 받지, '체벌'을 받지는 않는다. 세상에 법적으로 책임질 짓은 있지만 '맞을 짓'은 없다. '맞을 짓'인지 아닌지 판단할 권리를 가진 사람도 없다. 하물며 '때릴 권리'를 가진 사람은 아무도 없다. 강력계 형사가 흉악범을 때려도 범죄가 되는 터에, 부모가 자녀를, 교사가 학생을 때릴 수는 없다. 혹시라도 체벌 형사나 체벌 부모나 체벌 교사가 있다면 각기 폭력 형사, 폭력 부모, 폭력 교사로 지목되어 당연히 처벌을 받아야 한다. 체벌이라는 말은 그 자체가 폭력이다.

친부모

친부모라는 말에는
가부장적 순혈의식이
깔려 있다.

표준국어대사전 가라사대, 친부모(親父母)는 '친아버지와
친어머니'라 한다. 더불어 친아버지는 '자기를 낳은
아버지'라고 한다. 한자 '친(親)'에 '낳다'는 뜻이 있는지도
의문이고, 아버지가 아이를 낳는다는 것은 더더욱
금시초문이다. 그러므로 사전에서 말하는 '친아버지'는
실재하지 않는 존재다. 한편 법률적으로 친부모는
양부모(養父母)에 상대되는 생부모(生父母)를 뜻한다. 때로는
자식을 만들어만 놓고 팽개친 생부모도 애지중지 길러준
양부모보다 '친한 부모'라는 말이 된다.

사전과 법전은, 오랜 세월 먹여주고 재워주며 눈물 콧물
닦아준 사회적 부모보다 태어날 때 잠깐 몸을 빌려준

생물적 부모에 우호적이다. 친부모라는 말에는 어떤
경우도 생부모가 양부모보다 친하다는 순혈의식이 깔려
있다. '기른 정'보다는 '낳은 정'을, 낳은 정보다 '만든
정'을 우선시하는 가부장적 이데올로기가 반영된 결과다.

하향
평준화

욕망을 낮추고
차이를 낮추고
권위를 낮추면
세상이 훨씬 넓어 보인다.

고교평준화 정책은 한국 자본주의의 성장기인
1974년부터 시작되었다. 특정한 입시(入試) 공장에 우수한
입시 선수들이 한꺼번에 몰리는 걸 막아보자는 것이었다.
하지만 자본주의가 무르익으면서 사교육업자를 비롯한
교육자본가들은 이 정책을 무너뜨리기 위해 애를 쓰며
두 가지 논리를 퍼뜨렸다. 고교평준화는 학교 선택의
다양성을 가로막으며, 성적의 하향평준화를 가져온다는
것이다. 따라서 이들은 일반계 고교를 '명문'과
'똥통'으로 가를 것을 요구한다.

하지만 다 같이 시험점수 좀 떨어지면 어떤가. 대도시의
빌딩숲에서는 10층에 올라가도 멀리 보기 어렵지만,

시골 동네에서는 2층 옥상만 오르면 먼 들녘이 한눈에 들어온다. 모두가 낮은 곳에서는 누구나 멀리 볼 수 있다. 평준화가 주는 미덕이다. 욕망을 낮추고, 차이를 낮추고, 권위를 낮추면 세상이 훨씬 넓어 보인다. '하향평준화'가 가져오는 매력이다. 서로를 위하여 조금씩 몸을 낮추는 것. 그것은 서로에게 시야를 가리지 않는 일이며, 결국은 모두가 조금씩 높아지는 일이다.

학번

학번을 묻고 답하는 풍토는
학벌주의가 빚은 현상이다.

모르는 사람에게 "몇 학번이세요?"라고 묻는 건 당연히
커다란 실례다. 그것은 대학 안 나온 사람은 취급도
않겠다는 배제(排除)의 뉘앙스를 풍기기 때문이다. 대학을
나온 사람에게 그렇게 물었더라도 실례다. 사적인
정보를 공개하라는 요청이기 때문이다. 같은 대학을
나온 사람에게 그렇게 묻는 것도 실례다. 선후배 위계를
따지자는 의도가 들어 있기 때문이다. 학번은 주로
학벌의 수혜자들끼리 쓰는 배타적 언어다. 거기에는
학벌로 패거리를 지으려는 욕망의 비린내가 짙게 배어
있다.

'학벌 없는 세상을 만들자'고 하면 누구나 고개를

끄덕이며 동조를 한다. 그런데 대학평준화를 하자고 하면 열에 절반은 '그게 가능하냐?'고 되묻는다. 정치 성향을 불문하고 방귀깨나 뀐다는 사람들 대부분이 학벌이 쳐놓은 그물망에서 자유롭지 못하다. 이미 학벌의 특권을 누리고 있거나 아니면 학벌사회에 편입되는 꿈에 젖어 있거나, 둘 중 하나일 것이다. 진보든 보수든 한국 사회의 엘리트들 대부분은 학벌에 포섭되어 있다. 군번도 아닌 학번을 묻고 답하는 풍토는 학벌주의가 빚은 현상이다. 학벌 없는 사회가 되려면, 학번을 학교 담장 밖으로 꺼내지 말아야 한다.

학부모

학부모라는 존재는
업자들에게 봉이고,
아이들에게는 괴물이다.

경기도의 어느 초등학교 야구 감독이 제자의
'학부형(學父兄)'을 성추행하려다가 구속되었다는 기사가
신문에 났다. 언뜻 야구부 감독이 '학생의 아버지나
형'을 성추행했다는 뜻으로 읽혔다. 물론 그것은 기자가
경찰서의 케케묵은 용어를 그대로 받아써서 빚어진
혼선이었다. 옛적에는 학생의 보호자를 학부형이라
했다. 그런데 학부형에는 어머니가 없다. 나이 불문하고
맏아들이 가부장의 권리를 상속받는, 과거의 호주(戶主)제
때문이다. 학생의 아버지가 떼어먹은 기성회비를 법적
상속인 형에게서라도 받아내고야 말겠다는, 옛
교육기관의 '수금(收金) 정신'이 작용한 것인지도 모른다.

하지만 호주제 폐지 이후 '학부형'은, 고리타분한 몇 군데 기관을 빼고는 '학부모'에 밀려났다. 그럼 학부모는 과연 적당한 말일까. 글쎄, 그것은 '친부모'나 '양부모' 같은 법률용어도 아니다. 부모를 높여 부르는 말도 아니다. 슬하에 학생을 둔 게 벼슬도 아니다. 그냥 '부모'면 족할 일이다. 그럼에도 공교육업체, 사교육업체, 교복업체, 참고서업체 등속 나부랭이들은 줄곧 '학'부모임을 강조한다. '당신들 자식은 우리에게 볼모로 잡혀 있다'는 사실을 애써 상기시키며 부모들의 지갑을 열기 위한 언어전략이다. 그에 따른 학부모라는 존재는 업자들에게 봉이고, 아이들에게는 괴물이다.

2

시장경제라는 유령이
세계를 배회하고 있다

"하나의 유령이 유럽을 배회하고 있다,
 공산주의라는 유령이."

카를 마르크스, 《공산당 선언》

경영정상화
경제민주화
경제인
경제혁신 3개년계획
경제활성화
경제효과
레드오션/ 블루오션
명품
무소유
물가 안정
민영화
민주주의
사회적 경제
선진국
소비심리
소비자
소유권
신용
신자유주의
악재
욕망
이익 창출
인맥
인재
일자리 창출
자유
전문가
정경유착
정치혐오증
주식투자
중산층/ 지식기반사회
착한 돈
창조경제
최저임금
투자 유치
파업
휴대전화
힐링

경영
정상화

비정상적 사회에서는
정상이 비정상이 되고,
비정상은 정상이 된다.

자본가 정권이 공기업을 민영화(사실은 사유화)할 때
흔히 '경영정상화'를 명분으로 내건다. 이윤을 거두어
축적을 하면서 성장을 이어가는 상태는 '정상'이고,
이윤을 못 남겨 축적을 못하고 성장도 못하는 상태는
'비정상'이라는 뜻이다. 지속적인 착취로 지속적인
이윤을 축적하여 흑자를 내는 기업만이 정상이다.

기업뿐만 아니라 인간도 마찬가지다. 경쟁의 승자는
정상이고, 경쟁의 패자는 비정상이다. 우등생은
정상이고, 열등생은 비정상이다. 착취하는 쪽은
정상이고, 착취당하는 쪽은 비정상이다. 자본가는 정상적
인간이고, 노동자는 비정상적 인간이다.

또 소유는 정상이고, 무소유는 비정상이다. 부자는
정상이고, 가난뱅이는 비정상이다. 사회적 가해자는
정상이고, 사회적 피해자는 비정상이다. 이처럼 강한
쪽은 정상으로, 약한 쪽은 비정상으로 통용되는 사회는
그 자체가 비정상이다. 비정상적 사회에서 정상은
비정상이 되고, 비정상은 정상이 된다.

경제
민주화

경제민주화는 경제의 주체가
자본가에서 노동자로
바뀌는 것이다.

'경제민주화'라는 말에는 필히 두 가지 전제가 따른다.
첫째 정치와 경제는 분리된 영역이라는 것, 둘째
정치민주화는 이미 이루어졌다는 것이다. 하지만
정치와 경제는 분리된 영역이 아니다. 정치는 경제의
현상이고, 경제는 정치의 본질이다. 본질이 바뀌어야
현상이 바뀐다. 지배세력의 선전대로 정치민주화가 이미
이뤄졌다면, 그에 앞서 경제민주화도 당연히 이뤄졌어야
했다.

사실 그들이 말하는 정치민주화란 군부독재를
자본독재로 바꾼 것을 뜻한다. 더불어 그들의
경제민주화는 '재벌자본 독재'를 '일반자본 독재'로

확장하고 희석시키는 게 최종 목표다. 그런데 진정한 의미의 경제민주화는 경제의 주체가 자본가에서 노동자로 바뀌어야 가능하다. 이는 생산수단에 대한 사회적 소유가 전제되어야 한다는 뜻이다. 생산수단의 사적 소유 제도를 손볼 생각도 없다면 경제민주화라는 말을 입에 올리지 말라.

경제인

생산, 유통, 소비의
직접적 주체인 노동자가
경제인이다.

자본가들은 자신들이 지배한 착취시스템이 '자본주의'로
불리는 것을 싫어한다. 그래서 '시장경제'라는 말로
포장한다. 생산과 시장의 주체인 노동자를 '노동자'라
부르는 것도 싫어한다. 그래서 '근로자'라 한다. 나아가
자신들이 '자본가'로 불리는 것도 극도로 꺼린다.
그래서 스스로를 '경제인'이라 부른다. 그 때문에
'전국자본가연합회'라 하지 않고 '전국경제인연합회'라
부른다.

생산, 유통, 소비의 경제 현장에서 제3자에
불과한 그들이 경제인으로 행세하고 있다.
하지만 이른바 경제인으로 불리는 이들의 면면을

살펴보면 대부분 재벌자본 상속자들이다. 따라서
'전국경제인연합회'보다는 '전국자본가연합회'나
'전국상속자연합회'가 더 적절한 이름이다. 상속자들이
도둑질해간 '경제인'이라는 이름을 생산과 유통과 소비의
주역인 노동자들에게 돌려주어야 한다.

경제혁신 3개년 계획

경제혁신 3개년계획,
다들 묻지도 따지지도 말고
그냥 협조해라.

박근혜 정권은 취임 2년을 맞아 '경제혁신 3개년계획'을
내놓았다. 아버지 박정희의 경제개발 5개년계획을 흉내
낸 것이었다. 그 요지는 다음과 같다.

"공공기관과 공기업 민영화를 가속화하겠다. 정부도
돈 없다. 긴축 재정 할 테니 가난뱅이들도 각자 생존은
알아서들 해라. 예컨대 전세금 인상이 문제면 빚내서
집을 사라. 물론 하우스 푸어가 되더라도 후회하지
말라. 불편부당한 노사관계에 대해서는 앞으로도
노동자들이 잘 참아라. 다들 알아서 일들 해라.
일자리 못 구하면 사회안전망도 없다. 억울하면 모두
창업하여 '대박'을 터뜨려라. 도박 같은 사업이라도

아이디어만 좋으면 지원하겠다. 부디 창업하여 수출을 하라. 농산물 수입으로 식량 위기가 오든 말든, 수출을 늘려라. 생태 위기나 기후 변화 등 지구 전체 문제도 오직 돈벌이 기회로 활용하라. 자본가들이 내수에서도 균형 있는 이윤을 취하도록 공적 규제를 혁파하겠다. 청년들이 선호하는 일자리를 만들기 위해 보건 의료 분야를 상업화, 상품화하겠다. 시간선택제를 도입하여 저렴한 여성 일자리 150만 개를 확보하겠다. 경제혁신 3개년계획. 실은 대통령인 나도 이 계획이 어떻게 될지 모르지만, 다들 묻지도 따지지도 말고 그냥 협조해라."

경제
활성화

경제활성화는 다수의
생명 단축을 무릅쓰고
소수의 이윤활성화를
추구하는 것이다.

경제가 활성화되려면 많이 만들어서 많이 팔아야 한다.
또한 많이 사서 많이 써야 한다. 결국 자연과 환경을
더 많이 파괴하고, 인간의 노동을 더 많이 착취해야
한다. 그러므로 뭇 생명과 인간의 삶을 위해서는
'경제활성화'보다 '경제안정화'를 추구해야 한다. 인간을
비롯한 대부분의 생명체들에게는 펑펑 쓰고 짧게 사는
것보다는 적절하게 쓰고 오래 사는 게 미덕이다. 그러나
자본권력은 경제활성화라는 이름으로 숱한 생명들의
무덤 위에서 소수의 '이윤활성화'를 추구한다. 그들에게
이윤은 생명보다 소중하기 때문이다.

경제효과

경제효과란
국고나 개인들 지갑을 털어
자본가의 금고를 채워주는
효과를 뜻한다.

2010년 서울 G20정상회의를 앞두고 삼성경제연구소는
이 행사로 21조 원의 경제효과가 발생한다고 발표했다.
심지어 한국무역협회는 450조 원의 경제효과를
예상했다. 그러나 실제 확인된 것은 숙박업계 매상
490억 원이 전부였다. 반면 행사 비용은 공식 예산만
1,500억 원 이상 들어갔다. 2013년에 '한글날 공휴일
추진 범국민연합'은 한글날을 공휴일로 지정하면 내수
활성화로 5조 원 가까운 경제효과가 나온다고 주장했다.
아예 공휴일을 100개쯤 만들면 500조 원의 경제효과가
발생할 터이니, 공휴일은 참으로 환상적인 날이다.

한편 현대경제연구원은 2018년 평창동계올림픽 유치로

65조 원의 경제효과가 나온다고 했다. 정부지출 비용이 모두 포함된 금액이다. 이 논리에 따르면, 한강 다리 한쪽이 무너지거나 항공기가 도심에 추락하면 엄청난 경제효과가 발생한다. 더 쉽게 경제효과를 내는 법도 있다. 내 주머니에서 1만 원을 꺼내어 갑에게 주고, 갑은 그 돈을 을에게 주고, 을은 그 돈을 병에게 주고…… 이런 짓을 100번 되풀이하면, 1만 원으로 100만 원의 경제효과를 낼 수 있다. 경제효과는 무한정 '뻥튀기'된다. 경제효과란 결국 국고나 개인들 지갑을 털어 자본가의 금고를 채워주는 효과를 뜻한다.

레드오션,
블루오션

자본은 푸른 바다를
피바다로 만들며
이윤을 흡수한다.

수요도 많지만 공급이 더 많아 경쟁이 심한 시장을
레드오션(red ocean)이라 한다. 아직 수요가 형성되지
않아 고요한 시장을 블루오션(blue ocean)이라 한다.
이른바 시장경제를 바다에 빗댄 은유다. 그런데 지금
고요한 블루오션은 미래의 레드오션이고, 지금 핏빛의
레드오션은 예전에 고요한 블루오션이었다. 블루오션은
레드오션을 지향한다. 자본은 푸른 바다를 피바다로
만들며 이윤을 흡수한다. 그들의 은유는 시장에서
발생하는 이윤이 출혈(出血)의 결실이라는 사실을 감추지
않는다.

명품

황폐한 내면을 감추는 데는
명품만 한 게 없다.

"요새 명품 가방 하나씩은 다 가지고 있어요!"라고
말하는 건 명품의 정의에 대한 오류이거나 장사꾼의
거짓말이다. 누구나 다 가지고 있는 것이라면 이미
명품이 아니다. 본래 명품은 수량이 희소하고 터무니없이
비싸다는 특징을 가지고 있다. 그래서 옛적에 명품은
다수 인민의 손끝에 닿기 어려운 '소수의 사치품'으로
여겨졌다. 하지만 짝퉁들의 화려한 등장과 함께 지금은
명품이 '다수의 필수품'으로 여겨지고 있다. 이른바
시장경제 시대에는 소득이 하향평준화해도 소비는
상향평준화하는 경향이 있다. 내면을 팔아 겉멋을 사고,
노동을 팔아 착각을 사기 때문이다. 일상의 착취를
망각하고 황폐한 내면을 감추는 데는 명품만 한 게 없다.

무소유

자본주의 사회에서 무소유는
소유를 위한 또 하나의
상품이다.

법정 스님의 책《무소유》는 300만여 부가 팔렸다. 하지만
그 책을 읽은 사람 가운데서, 가진 재산을 털어 무소유의
삶을 실천한 사람은 보이지 않는다. 다만 애초부터 가진
게 없어 무소유의 삶을 강제당한 사람은 종종 보인다.

소유할 수 있어도 소유하지 않은 이에게 무소유는
자유다. 그러나 소유하고 싶어도 소유할 수 없는
이에게 무소유는 절망이다. 물론 가진 자들의 자유가
못 가진 자들의 절망을 해결하지 못한다. 그러므로
밑도 끝도 없이 사적 소유를 보장하는 체제에서, 밑도
끝도 없이 무소유를 설파하는 건 무책임한 일이다.
그 때문이었을까. 법정 스님은 입적하기 전에 자신의

책을 절판하라는 유언을 남겼다. 그러나 유언은
지켜지지 않았다. 《무소유》는 이미 출판업자에게 소유된
상품이었기 때문이다. 자본주의 사회에서 '무소유'는
소유를 위한 또 하나의 상품이다.

물가 안정

자본주의 경제에서는
물가를 잡을 수 없다.

50년 전 자장면 값은 15원이었다. 지금은 대략 4,500원
안팎이다. 무려 300배가 올랐다. 그 50년 동안 물가
안정 대책을 장담하지 않은 정부는 없었지만, 물가
안정을 이룬 정부도 없었다. 물가는 그저 끊임없이
오르기만 했다. 이는 학교에서 가르치는 수요와 공급의
법칙*으로는 설명이 안 된다. 자장면이 부족해서 자장면
값이 오른 게 아니라는 말이다.

물가가 오르는 이유는 자명하다. 통화량은 끊임없이 늘고
돈의 가치는 끊임없이 떨어지기 때문이다. 결국 자본주의
경제에서는 물가를 잡을 수 없다. 따라서 '물가 안정'도
없다. 자본가 정부의 '물가 안정 대책'은 정치적 선전일

뿐이다. 임금은 멈추어도 물가는 멈추지 않는다. 그것이
시장경제의 법칙이다.

★ 학교 교과서에 따르면 수요와 공급의 법칙에 의해 물가가 결정된다고 한
다. 그 원리에 따르면 물가가 오른 지난 수십 년 동안 수요에 비해 공급이 부
족했어야 한다. 하지만 실제로는 그 반대다. 팔리지 않은 물건이 창고에 넘
쳐난다. 자본주의 교과서는 시골 동네 5일장에도 들어맞지 않는 경제 원리를
학생들에게 가르치고 있는 셈이다.

민영화

민영화의 본질은
다수의 생활 수단을
소수의 돈벌이 수단으로
바꾸는 것이다.

공적으로 소유한 기업을 사적 자본에 넘겨 경영토록
하는 것을 영어로 'privatization'이라 한다. 이 말은
'민영화, 사영화, 사유화' 등 세 가지로 풀이된다. 하지만
정부는 '사영화'와 '사유화'는 애써 기피하며 '민영화'를
공식 용어로 쓰고 있다. 사적 소유에 대한 부정적인
대중심리를 비켜가려는 비즈니스 레토릭(rhetoric)일
터이다.

물론 평범한 사람들도 그쯤은 안다. 그럼에도
민영화라는 이름의 사유화를 별로 심각하게 여기지
않는다. '공기업의 방만한 경영을 효율적으로 개혁하여
질 좋은 서비스를 제공한다'는 정부의 해묵은 논리가

아직 먹혀들고 있다는 뜻이다. 하지만 어디까지나
'민영화'의 본질은 공기업을 사기업으로, 비영리기업을
영리기업으로, 다수의 생활 수단을 소수의 돈벌이
수단으로 바꾸는 것이다.

자본가 정권은 끊임없이 민영화를 추구한다. 더불어
인민들은 끊임없이 '민영화 반대' 구호로 이에 맞선다.
하지만 이런 투쟁은 수세적일 수밖에 없다. 노동자계급과
인민은 프레임을 바꾸어 사기업을 공기업으로,
영리기업을 비영리기업으로, 소수의 돈벌이 수단을
다수의 생활 수단으로 바꾸는 투쟁을 벌여야 한다.

민주주의

지금의 민주주의는
경제 영역에서의 자본독재를
합법적으로 보장한다.

근대 민주주의는 링컨이 말한 것처럼 '인민의, 인민에
의한, 인민을 위한 지배'로 요약된다. 모든 인민이 정치의
주체로 참여할 수 있다는 점에서, 노예를 배제한 고대
민주주의보다 발전된 정치체제라 할 수 있다. 하지만
사람들은 두 가지 중요한 사실을 간과하고 있다.

첫째 지금의 민주주의는 '정치'에 한정된 개념이다.
형식적으로는 모든 인민에게 정치적 자유와 평등을
보장하지만, 동시에 경제 영역에서는 '자본독재'를
합법적으로 보장한다. 따라서 지금 민주주의는 '자본의,
자본에 의한, 자본을 위한 지배'로 요약할 수 있다.
자본가계급 스스로의 표현에 의하면 '자유민주주의'다.

사적 소유의 자유를 보장한 민주주의라는 뜻이다.

둘째 지금의 민주주의는 정치 영역에서마저도 제대로
수행되지 못하고 있다. 대의제에 따른 선거권과
피선거권을 제외하면 일반 인민이 정치적 결정에 참여할
권리는 거의 없다. 그나마 정치선거는 대부분 돈으로
거래되어 그 결실을 경제적 지배계급이 독점한다.
경제적 수단을 장악한 계급이 정치적 수단도 장악하도록
교묘하게 설계된 시스템인 것이다.

무작정 민주주의를 지상의 가치로 여길 게 아니다.
주체가 서로 다른 '자유민주주의'와 '인민민주주의'를
정확히 구별해야 한다. 사람들이 무작정 신성시하는
민주주의란 사실은 지배계급과 피지배계급의
동상이몽(同床異夢)이다.

사회적
경제

사회적 경제란 공공복지를
사적 영역으로 떠넘기고
국가는 뒤로 빠지려는 꼼수다.

'사회적 일자리'는 저임금 공공근로의 다른 이름이고,
'사회적 기업'은 인건비로 장난치는 보조금 사업의
다른 이름이고, '사회적 경제'는 소꿉장난 같은
빈민협동조합의 다른 이름이다. 모두 자본가 국가와
시장의 실패에 대한 책임을 '일자리를 통한 복지
실현'이라는 자유주의적 환상으로 가리려는 시도들이다.
추수 끝난 밭에서 가난한 인민들끼리 이삭이나 나눠먹고
생존하라는 것이다.

이는 결국 공공복지를 사적 영역으로 떠넘기고 국가는
뒤로 빠지려는 꼼수다. 또한 돈 되는 영역은 자본가들이
소유하고, 돈 안 되는 영역은 사회적으로 관리하자는

것이다. 거대한 자본주의 경제의 그늘 속에, 인디언 보호구역 같은 소규모 식민지를 만들자는 것이다. 진짜 사회적 경제를 하려거든 대자본가들로부터 대기업의 소유권을 회수하고, 사기업을 공기업화하는 싸움을 시작해야 한다.

선진국

선진국이란 이기적 번영을 누리는 양심 불량국가를 가리키는 말이다.

'선진(先進)'은 먼저 나아간다는 뜻이다. 남의 밭에서 수박서리 할 때 앞장 서는 놈, 먼저 싸움을 걸어 패싸움을 일으키는 놈, 도박판에 가장 먼저 달려가는 놈, 철거민의 저항을 가장 용맹하게 두들겨 패는 놈, 의회에서 법안 날치기 처리할 때 가장 빠른 놈, 땅만 보면 먼저 파헤치려 달려드는 놈, 놈, 놈…… 모두 선진적이다.

이런 놈들이 설치며 추구하는 '선진국'이란 광범위하게 지구를 약탈하고, 온실가스 배출에 앞장서고, 그로써 널리 생명을 해롭게 하는 데 앞장서고, 그 결과 이기적 번영을 누리며, 떡고물에 취한 대중의 지지를 받고,

떡고물이 떨어지면 전쟁에 앞장서고, 그러다가 내적 모순에 의해 가장 먼저 몰락의 길로 나아가는 양심 불량국가를 가리키는 말이다.

소비심리

빼빼로데이는 과자 자본이
광고 물량을 퍼부어 거둔
승리의 전리품이다.

'빼빼로데이'에는 많은 사람들이 '빼빼로'를 산다.
거기에는 논리도 없고 의미도 없다. 오직 다들
하는 짓이라는 막연한 의무감과 재미로 '빼빼로'를
주고받는다. 항간에서는 과자 자본이 만들어놓은 이
관습에 대항하고자 11월 11일을 '가래떡데이', '농업인의
날', '지체장애인의 날' 등으로 대체하려고 시도했지만
결과는 달걀로 바위치기. 여전히 대중은 죽죽 뻗은
11자의 모습에서 가지런한 가래떡이나 지체장애인의
목발이 아닌, 빼빼한 과자를 떠올린다.

빼빼로데이는 과자 자본이 직간접 광고 물량을 퍼부어
거둔 승리의 전리품이다. 사회의 물질적 힘을 지배한

115

계급이 사회의 정신적 힘도 지배한다는 근거다.
이러한 빼빼로데이야말로 자본주의적 사회심리*에
따른 소비심리의 전형이다. 소비심리는 물질적 토대를
반영한다.

★ 경제적 토대를 보호하는 상부 구조에는 '물리적 기구'와 '의식적 수단'이
있다. 여기에서 의식적 수단은 다시 체계화된 '사회이념'과 관습화된 '사회심
리'로 구별된다. 이 사회심리는 자본주의적 소비심리에 큰 영향을 미친다. 빼
빼로데이 소비심리도 그런 사회심리의 하나다.

소비자

자본이 지배하는 체제는
사람과 소비자를 분리한다.

재화를 써서 없애는 자를 소비자라 한다. 따라서 모든
사람은 소비자다. 그러나 이즈막에는 '돈을 내고 상품을
사서 쓰는 사람'을 소비자라 부른다. 자본이 지배하는
체제는 사람과 소비자를 분리한 뒤 '소비자가 왕'이며
'소비가 미덕'이라고 떠든다. 또한 '소비자의 권리'니
'소비자 보호'니 하는 말들을 만들어 퍼뜨린다.

하지만 '사람이 왕'이라거나 '삶이 미덕'이라는 말은
없다. 또한 '사람의 권리'나 '사람 보호' 같은 말을 입에
담지는 않는다. 그저 인민의 알량한 지갑을 헤프게
열도록 하려는 사악한 의도로 소비 행위를 고무하고
찬양할 뿐이다.

자본가 국가는 본질적으로 '과소소비'에는 발을 동동 구르고 '과소비'에는 좋아서 춤을 춘다. 지배자들이 '사람'보다 '소비자'를 더 좋아할 수밖에 없는 이유다.

소유권

소유권은 자연의 원리에서
벗어난 미신이며
가장 불합리한 권리이다.

달걀을 낳은 건 암탉이지만, 달걀에 대한 소유권은
암탉이 아니라 닭을 키우는 양계장 주인에게 있다.
상품을 만든 건 노동자이지만, 상품에 대한 소유권은
노동자가 아니라 노동자를 고용한 자본가에게 있다.
누군가 소유한 것들 대부분은 그가 직접 생산한 게
아니다. 이처럼 생산과 소유가 분리된 모순의 넓은
간극을 법적으로 은폐한 게 바로 '소유권'이다. 신성한
권리로 소문난 소유권. 그것은 자연의 원리에서 어긋난
미신이며, 가장 불공정하고 불합리한 법적 권리다.

신용

남의 돈을 훔친 도둑놈이라도
지불 능력이 있으면
신용을 인정받는다.

신용(信用)은 본래 사람에 대한 믿음의 정도를 이르는
말이었다. 그것은 총체적 인격에 대한 평가 결과를
반영하는 것으로 여겨졌다. 하지만 자본주의 시대에 와서
이 말은 단지 돈 지급 능력을 이르는 말로 굳어졌다.
인격과 신용이 분리된 것이다. 금융업자들이 오직 금전
거래 행태로 사람을 평가하고 거기에 신용의 등급을
매기는 제도가 작동하면서부터다.

그리하여 남의 돈을 훔친 도둑놈이라도 지불 능력이
있으면 신용을 인정받고, 내 양식을 털어 가난한
이웃을 먹여 살리는 성자라도 지불 능력이 없으면
신용에 낙인이 찍히게 되었다. 이는 돈과 인격이

비례하는 자본주의 사회의 뚜렷한 자화상이다. 싼
이자로 빌린 남의 돈을 비싼 이자로 남에게 빌려주어
그 차액을 뜯어먹는 자들이 오직 금전 유무에 따라
사람의 신용평가를 독점하게 된 까닭이다. 금융기관의
신용평가야말로 신용불량인 셈이다.

신
자유주의

신자유주의는 자본주의 체제가
발광한 스펙트럼의
한 단면일 뿐이다.

'신자유주의의 어머니' 마거릿 대처의 주검 위로 세계
인민의 저주가 쏟아지면서 신자유주의(new freedom)*라는
말이 다시 반짝 이슈가 되었다. 신자유주의란 '자본가들
앞에서는 한없이 작아지고 노동자와 인민 앞에서는
한없이 난폭한 정부'를 추구하는 경향을 말한다.
지난 10여 년 동안 사람들은 말했다. "신자유주의가
문제야!"라고. 그러면서 신자유주의를 온갖 악의
근원으로 몰았다. 그 이면에는 "신자유주의만 아니면
돼!"라는 인식이 깔려 있다.

물론 자본주의 역사에서 신자유주의는 매우 고약한
단계다. 하지만 그것은 대처나 레이건의 머리에서 나온

게 아니다. 고전적 자유주의나 케인스식 복지주의가
그랬던 것처럼, 신자유주의도 자본주의 체제가 발광한
스펙트럼의 한 단면일 뿐이다. 신자유주의의 어머니는
마거릿 대처가 아니다. 체제로서의 자본주의와
사상으로서의 자유주의가 지배력을 유지하는 한,
생산관계의 모순은 되풀이된다. 문제는 자본주의가
깊숙이 내면화된 사회 자체에서 발생하기 때문이다.

★ 재정 감소, 규제 완화, 민영화, 노동유연화, 자유무역 등 작은 정부와 시장
만능주의 정책으로 자본의 이익을 극대화하는 자본주의 단계를 말한다. 신
자유주의가 한국에 본격적으로 자리를 잡은 것은 노무현 정부 때였다. 노무
현 전 대통령이 2002년 대선을 전후한 시기에 대처 수상의 전기를 탐독했다
는 것은 잘 알려진 사실이다. 실제로 대선 기간에 노무현 후보의 공약은 민
주노동당 권영길 후보로부터 '신자유주의적'이라는 비판을 받았다.

악재

역사상 숭고한 사건도
주식 판에서는
악재가 될 수 있다.

증권거래소에서 시세 하락의 원인이 되는 조건을
'악재(惡材)'라 한다. 반대말은 '호재(好材)'다. 예컨대
'시리아발 악재로 주가 하락'이라는 말이 뉴스
헤드라인에 뜬다. 자본주의 언론은 인민이 피 흘리는
현장의 실상에는 관심이 없지만, 그것이 주식 판에
미치는 영향에 대해서는 꼬박꼬박 따지고 든다. 역사상
숭고한 사건도 도박꾼들에게 '악재'가 될 수 있고,
인민에게 처참한 사건도 도박꾼들에게는 호재가 될
수 있다. 불로소득으로 세상의 부를 차지하려는 주식
도박꾼들의 은어가 어느새 버젓이 표준말로 둔갑하고
말았다. 노동자 대중에게는 그 또한 자본주의가 낳은
악재다.

욕망

대부분의 욕망은
타고난 본능이 아니라
사회적 관계에서
생성되고 확장되는 것이다.

자유주의 이데올로그들의 가르침에 따르면 '적절한 욕망'은 사회 발전의 동기이고, '지나친 욕망'은 사회 문제의 원인이다. 이 가르침에는, 욕망이란 모든 인간에게 자연스러운 본능이라는 믿음이 깔려 있다. 다만 지나친 욕망이 문제가 되므로 개인들의 탐욕을 적절하게, 잘 조절하라고 말한다. 그런데 지난 수천 년 동안 이런 잔소리가 쏟아졌어도 인간의 욕망은 조절되기는커녕 점점 뜨거워졌을 뿐이다. 소유의 욕망에서 해방돼라는 법정 스님의 '무소유 정신'에 수백만 명이 공감을 해도 욕망이라는 이름의 전차는 속도를 늦추지 않는다.

사실 우리가 가진 대부분의 욕망은 타고난 본능이 아니다. 가령 무인도에 표류한 사람에게는 권력욕, 소유욕, 명예욕, 승부욕, 과시욕 등이 자리 잡을 수 없다. 대부분의 욕망은 집단에 포섭된 사람들의 관계 속에서 싹튼다. 즉 욕망은 사회적 관계 속에서 생성되고 확장되는 것이다. 특히 자본주의는 개인들의 욕망을 위한, 욕망에 의한, 욕망의 체제다. 자본주의는 그렇게 달구어진 개인들의 욕망을 먹고 자란다. 그 악순환의 고리를 끊으려면 욕망의 연료 탱크인 '사회적 소유 관계'를 손보아야 한다. 개인적 욕망이 사회를 규정하는 게 아니라, 사회가 개인적 욕망을 규정하기 때문이다.

이익 창출

이익은 창출되는 게 아니라,
누군가의 잉여노동을
수탈해온 것이다.

삼성전자 공장을 그대로 두면 어떤 이익도 창출되지
않는다. 금싸라기 땅도 그대로 두면 어떤 이익도
창출되지 않는다. 수백억 원의 돈도 금고에 그냥 두면
어떤 이익도 창출되지 않는다. 이익을 창출하려면, 땅을
이용할 사람과 거래를 해야 하고, 돈을 굴리는 사람에게
투자를 해야 하고, 노동하는 사람이 공장을 가동해야
한다. 어느 경우든 이익을 보려면 반드시 사람과 관계를
맺어야 한다. 물론 그 관계는 직접, 또는 몇 다리 건너
실재하는 어떤 사람의 노동과 연결되어 있다. 이익은
마법으로 창출된 게 아니다. 누군가의 잉여노동을
수탈해온 것이다. 그러므로 '이익 창출'은 '노동 수탈'과
같은 말이다.

인맥

인맥을 과감히 청산하는 것이 자기혁명의 시작이다.

인맥(人脈)은 나를 중심으로 엮은 인적 네트워크다.
그것을 귀중한 재산이라고 믿는 사람들이 있다. 이들은
인맥 구축을 위해 동창회에 나가고, 향우회에 나가고,
교회에도 나가고, 친목계나 동호회에도 들어가고,
전우회도 만들고, 관변단체에도 발을 들이민다. 또한
그렇게 늘린 명함이나 전화번호부 숫자를 관리하느라
때론 기웃거리고, 실실거리고, 주억거리고, 상대가 빨던
술잔을 받아 마시고, 더러는 할부로 골프채를 구입하기도
한다. 이처럼 시간과 감정과 금전을 들여 유지한 인맥을
영업이나 청탁이나 선거에 활용할 수 있다.

하지만 실상은 인맥 때문에 영업 대상이 되거나, 남의

청탁에 연루되거나, 남의 선거에 동원되는 경우가 더
많다. 통상 인맥을 통해서 얻는 것보다는 잃는 게 더
많다. 한편 인맥의 그물 안에서는 갑과 을의 종속관계가
싹트기도 하고, 삼투압 원리에 따라 약한 욕망이 강한
욕망에 흡수되기도 한다. 사람들은 인맥을 은밀한 사적
거래의 베이스캠프로 삼고자 하지만, 그 캠프에 자유롭고
당당한 삶의 태도는 없다. 따라서 삶의 피로물질인
인맥을 과감히 청산하는 것이 자기혁명의 시작이다.

인재

유능한 인재 한 명이
10만 명의 범재들을
효율적으로 착취한다.

한국 자본가계급의 상징적 존재인 이건희는 "인재 한
명이 10만 명을 먹여 살린다"고 했다. 그 말대로라면
인재 100명만 일하면 서울시 인구 전체가 먹고살 수
있다. 인재 500명이면 한국인 전체가 놀고먹어도 된다.
편의점 삼각김밥으로 연명하며 놀고먹는 범재들이
갈수록 늘어나는 것을 보면 이건희의 뜬구름 잡는 소리가
지상에서 현실이 되는 듯도 하다.

그러나 범재(凡材)들의 입으로 들어가는 김밥 덩이에
뛰어난 인재들이 기여한 바는 없다. 게다가 새로 배출된
인재들 자신도 상대적 일자리 부족으로 밥벌이가 만만치
않다. 이건희의 말이 거짓말이다. 표준국어대사전의

정의에 따르면 인재(人材)는 '어떤 일을 할 수 있는 학식이나 능력을 갖춘 사람'이다. 그 가운데 재주가 아주 뛰어난 인물을 '인재(人才)'라 한다. 소리는 같지만 한자 뜻이 다르다.

이건희가 말한 인재도 인재(人才)일 것이다. 봉건 시대 영주들이 재능 있는 자를 선별하여 농노를 착취하는 마름으로 부렸던 것처럼, 자본가들은 일반 노동자로부터 인재를 분리, 추출하여 착취의 일선 관리자로 부린다. 자본가는 인재를 통제하고, 인재는 노동자를 통제한다. 이건희가 말한 유능한 인재란 10만 명을 먹여 살리는 게 아니라 10만 범재들의 노동을 효율적으로 착취하는 자들이다. 범재들에게 인재(人才)는 인재(人災)다.

일자리
창출

없는 일자리 창출보다는
있는 일자리 보장이 먼저이다.

오늘날 대부분의 공직선거에서 가장 흔한 공약은 '일자리
창출'이다. 그러나 한쪽에서 1만 개의 일자리를 만드는
동안 다른 쪽에서 1만 개 이상의 일자리가 사라진다.
창출되는 것은 주로 비정규 일자리이고, 사라지는 것은
주로 번듯한 일자리이다. '일자리 창출'이란 불안한
일자리로 안정된 일자리를 대체하고 일회성 일자리로
지속적 일자리를 밀어내는 일이다. 그럼에도 허접한
일자리의 창출은 공적으로 부각되고, 번듯한 일자리의
소멸은 책임이 면제된다.

일자리 창출 논리는 현실을 거꾸로 반영하며, 자본
축적의 원천인 노동의 가치를 짓뭉갠다. 또한

자본가계급과 그들의 정부를, 전지전능하사 주린
자들에게 은혜를 베푸는 존재로 착각하게 만든다. 하지만
편한 '잠자리'도 아니고 즐겁게 '놀 자리'도 아닌 '일자리
창출'은 여전히 족쇄의 논리이며, 주객이 전도된 어용
이데올로기다. 없는 일자리 창출보다 있는 일자리 보장이
먼저이고, 버려진 노동자를 구제하는 것보다 일하는
노동자를 버리지 않는 게 먼저이다.

자유

소수의 개인들이 생산수단을
독점하는 사회에서
개인의 자유는 밥에 대한
교환가치일 뿐이다.

독일 경제학자 홀거 하이데(Holger Heide)는 말했다.
"신자유주의 세계화 속에서 자유는, 길이가 늘었다
줄었다 하는 목줄에 이끌려 산책 나온 강아지의 자유에
비유할 수 있습니다. 겉으로 보기엔 강아지의 모습이
자유로워 보이죠. 그런데 결국 그것은 주인의 손아귀
아래서의 자유일 뿐입니다"*라고. 그러나 신자유주의
시대에만 그런 게 아니다.

이전의 자유주의 시대에도 생산 대중의 자유는 목줄로
제한되었다. 다수는 자유를 팔아 일용할 양식을 구했다.
자유를 지키려면 밥을 포기해야 하고, 밥을 얻으려면
자유를 포기해야 했다. 지금도 그렇다. 사적 소유가

무제한으로 보장되고 소수의 개인들이 생산수단을
독점하는 사회에서, 개인의 자유는 밥에 대한 교환가치에
지나지 않는다. 피지배 인민에게 밥과 자유는 양립하기
어렵다.

★ 2008년 9월 9일, 《경향신문》, 〈홀거 하이데 獨브레멘대 명예교수 "지구화
는 트라우마의 심화과정"〉에서 인용.

전문가

전문가는 자기 분야를
농락할 줄 아는 사람이다.

장인(匠人)이 조탁(彫琢)하던 시대가 가고 전문가가
농락하는 시대가 왔다.

전산 전문가는 정보를 농락하고, 법률 전문가는 권리를
농락하고, 의료 전문가는 신체를 농락하고, 회계
전문가는 세금을 농락하고, 증권 전문가는 주식을
농락하고, 행정 전문가는 예산을 농락하고, 부동산
전문가는 집과 땅을 농락하고, 입시 전문가는 교육을
농락하고, 경영 전문가는 생산을 농락하고, 광고
전문가는 소비를 농락하고, 보험 전문가는 사고(事故)를
농락하고, 선거 전문가는 표심을 농락하고, 대필
전문가는 독자를 농락하고, 공연 전문가는 관객을

농락하고, 감정(鑑定) 전문가는 가격을 농락하고, 정치 전문가는 민심을 농락하고, 핵 전문가는 지구를 농락한다. 온갖 전문가들이 세상을 말아먹는다.

정경유착

문제는 정경유착이 아니라,
정치와 경제가 따로 존재한다는
착각이다.

정치권력과 자본권력이 흘레붙는 것을 보고 흔히
"정경유착(政經癒着)이 문제야!"라고 비판한다. 하지만
이는 정치와 경제의 본질에 대한 오해에서 비롯된
말이다. 정치와 경제는 본래 사이좋은 연인이다.
흘레붙는 게 당연한 관계다. 어쩌다 서로 으르렁거려도
결국은 칼로 물 베기다. 정치제도는 경제적 토대 위에
구축되고, 경제제도는 정치에 의해 보호된다.

경제가 정치를 규정하고, 정치는 경제를 재규정한다.
정경유착 또는 정경일치는 자본가 국가의 보편적
본질이다. 그 때문에 경제 모순이 정치 모순을
낳고, 정치 모순은 경제 모순을 강화한다. 사실은

정경유착보다도 정치와 경제가 따로 존재한다는 착각이
더 문제다. 나아가 그런 착각을 조장하는 자유주의
이데올로기가 가장 큰 문제이다.

정치
혐오증

**정치혐오증은 경제혐오증을
방어하는 허위의식이다.**

정치혐오증*을 낳는 건 정치의존증이다. 그것은
먹고살기 힘든 세상을 정치가 해결해주리라는 기대에서
비롯된다. 거듭 기대는 무너지고, 실망이 누적되어
기대가 혐오로 바뀌는 것이다. 본질적으로 정치혐오증은
경제 문제에서 기인한다. 그럼에도 경제혐오증이라는
말은 없다. 국가혐오증이나 체제혐오증도 없다. 정치가
나머지 모두를 지배한다고 보는 것이다.

하지만 그런 일은 혁명적 상황에서나 가능하다.
평소의 정치란 경제적 생산양식에 걸친 갑옷이며,
정치가는 자본가의 보디가드다. 자유주의 언론이
만들어낸 정치혐오증이라는 말은, 정치와 정치가에게

혐오의 화살을 돌림으로써 정치만능주의를 유포하고
경제적 지배계급의 책임을 덮게 한다. 정치혐오증은
경제혐오증을 방어하는 허위의식이다.

★ 1980년대 말부터 유럽 언론에서 쓰기 시작한 말이다. 1992년에 독일어학
회는 이 말을 '올해의 단어'로 선정하기도 했다. 이어 국가혐오증, 정치가혐
오증, 정당혐오증과 같은 연관어가 생겨났다.

주식투자

**주식투자 성공 비법은
눈 먼 우연일 뿐이다.**

시장주의 경제학자인 버턴 G. 맬키엘은 주식 투자를
가상의 동전 던지기와 비교했다. 게임 참가자 1천 명이
동전을 던지는데, 앞면이 나오면 살아남고 뒷면이 나오면
탈락하는 규칙에 따라 동전을 던진다. 그럴 때마다
확률적으로 참가자의 절반가량이 탈락한다. 그렇게 일곱
번을 던지고 나면 1%도 안 되는 8명가량이 살아남는다.
이렇게 등장한 주식투자의 고수들 주변에는 투자 성공
비법을 전수받으려는 사람들이 몰려든다.

하지만 그 비법은 '눈 먼 우연'일 뿐이다. 물론
게임에서는 필연적으로 앞면만 나오는 동전을 가진
특권계급도 등장한다. 당연히 반칙이다. 그러나 자본주의

체제에서 힘 있는 반칙은 곧 원칙이 된다. 상위 1%
부자가 탄생하는 과정이나 권력자가 선출되는 원리도
앞면만 나오는 동전을 가진 것과 흡사하다.

중산층

중산층은 유산계급과 무산계급
사이에 어중간하게 생겨난
임의적 계급이다.

신자유주의 시대의 지배 권력자들은 선거 때만
되면 '서민과 중산층(中産層)'을 입에 달고 다녔다.
김영삼, 김대중, 노무현, 이명박은 '서민과 중산층'
예찬론자들이었고, 박근혜 또한 그렇다. 그런데 사전에
따르면, 이들이 말하는 '중산층'이란 '재산의 소유 정도가
유산계급과 무산계급의 중간에 놓인 계급'이라고 한다.
하지만 유(有)와 무(無)의 중간에 무언가 실재적으로
존재할 수는 없다. 있다면 그것은 실체 없는 유령일
것이다. 따라서 '중산층'이라는 말도 유산계급과
무산계급 사이에 떠도는 유령일 뿐이다.

우리 사회는 5%의 유산계급이 부(富)의 95%를 차지하고,

95%의 무산계급이 5%의 떡고물을 나누어 먹고 산다.
그럼에도 지배계급은 그 5%의 떡고물마저 차별적으로
배분함으로써 전체 피지배계급을 '서민'과 '중산층'으로
기어이 분리하는 데 성공했다. 이는 신자유주의 통치
시대와 궤를 같이한다. 예컨대 임금노동자를 정규직과
비정규직으로 철저히 차별함으로써 '비정규직=서민',
'정규직=중산층'의 등식을 만들어낸 것이다.

이렇듯 피지배계급에서 추출된 중산층은 언제나
서민 세계에 대한 애정보다는 상류 계층에 대한
환상적 동경 속에서 살아간다.* 신자유주의 시대의
노련한 지배계급은 바로 이 점을 노려, 인민 대중에게
중산층이라는 환상을 집요하게 심어주었다. 그 결과
존재는 피지배계급이면서 의식은 지배계급에 속하는,
중산층이라는 모호한 계급이 출몰하게 되었다.

지배계급이 중산층을 사랑하는 이유는 자명하다. 그것은
자신들 주위에 중산층이라는 호위부대를 두텁게 세워,
이른바 '서민'으로 불리는 무산계급의 공격으로부터
자신들의 지배력을 보존하려는 것이다. 그러나

지배계급의 그러한 바람은 희망사항일 뿐이다. 중산층은
적대적인 두 계급 사이에 어중간하게 생겨난 임의적
계급이기 때문에 언제든 거품처럼 꺼질 수밖에 없다.
그와 더불어 계급적 완충지대는 사라지고, 유산계급과
무산계급은 직접적으로 대립할 수밖에 없다. 그것이
역사의 법칙이다.

★ 이청준 소설, 《조율사》에서 차용.

지식기반
사회

지식기반사회 논리는
노동자들을 무더기로 해고하는
논리로 요긴하게 쓰인다.

'지식기반사회(Knowledge-Based Society)'는 흔히
'정보화사회'와 비슷한 맥락으로 쓰인다. 피터
드러커가 말한 '지식사회'에서 비롯된 말로, 한국에서는
1990년대부터 행정, 교육 분야 관료들 입길에
오르내리기 시작했다. 지식기반사회에서는 물질적
상품보다 지식과 정보 상품이, 근육노동보다 지식노동이
중시된다. 예를 들면 밥보다 스마트폰이 중시되고,
일용할 양식보다 일용할 통신비가 더 많이 드는 사회를
말한다.

그러나 아무리 유용한 지식도 사회의 기반이 되지
못한다. 미래에도 사회의 기반은 여전히 의식주와 관련된

생산노동이며, 지식은 다만 그것을 보조할 뿐이다.
그럼에도 자본가 정권이 '지식기반사회'를 떠든 것은,
밑천 덜 드는 지식정보 상품을 팔아먹기 위해서였다.
한편 지식기반사회 논리는 생산 현장 노동자들을
무더기로 해고하거나, 치열한 입시 경쟁을 합리화하는
논리로도 요긴하게 쓰이고 있다.

착한 돈

착한 돈의 주인공들 가운데
스스로 땀 흘려
돈을 모은 사람은 없다.

《구본형 아저씨, 착한 돈이 뭐예요?》라는 어린이 책이
있다. 기부로 유명한 워런 버핏, 문화재교육에 전
재산을 기부한 전형필, 가난한 사람을 위한 은행을 만든
경제학자 무하마드 유누스, 샐러드 소스를 팔아 번 돈
모두를 기부한 폴 뉴먼, 환경 친화적 화장품을 만든
기업가 아니타 로딕, 유한양행 창업자 유일한, 오지
아이들을 위해 도서관을 지은 사회기업가 존 우드 등
주로 '착한 자본가'들 이야기를 담았다. 그리고 그들이
기부한 돈을 '착한 돈'이라 한다. '착한 소비', '착한
몸매', '착한 가격', '착한 부자'에 이어 마침내 '착한
돈'까지 등장한 것이다.

그런데 이 착한 돈의 주인공들 가운데 스스로 땀 흘리며
생산 노동을 해서 돈을 모은 사람은 없다. 장사나 사업
등 주로 타인의 노동에 기대어 돈을 모은 사람들이다.
그렇다면 산골 할머니가 제 손으로 뜯은 푸성귀를 팔아
마련한 돈, 가난한 청년이 시급 5천 원짜리 아르바이트로
번 돈, 노동자가 공장에서 땀 흘려 일하고 받은 돈, 식당
종업원이 종일 설거지하고 번 돈 등 잉여노동을 털리고
난 뒤에 받은 쥐꼬리만 한 돈은 덜 착한 돈인가, 아니면
나쁜 돈인가.

창조경제

몇몇 업자들의 이윤 창조를
창조경제라 부르는 것은
지나친 허풍이다.

'창조경제'는 박근혜 정권의 경제 슬로건이다. 하지만
그 말의 의미가 명확하지 않다는 의문이 제기되자, 말을
지어낸 쪽에서는 '워킹화', '스크린 골프' 따위를 예로
들며 창의적인 사업 아이디어로 이윤을 창조하는 뜻이라
해명했다.

그런데 표준국어대사전에 따르면 경제란 '인간의 생활에
필요한 재화나 용역을 생산·분배·소비하는 모든 활동.
또는 그것을 통하여 이루어지는 사회적 관계'를 말한다.
그러므로 창조경제란 재화와 용역의 생산·분배·소비
방식을 새롭게 만들어내는 것을 뜻한다. 예를 들면
무정부주의적 과잉생산을 계획적 생산으로, 불평등한

분배를 평등한 분배로, 능력에 따른 소비를 필요에 따른
소비로 바꾸는 것이다. 이쯤 되어야 창조경제라 할
수 있다. 운동화를 워킹화로 바꾸고, 잔디밭 공놀이를
스크린 공놀이로 확장하는 게 창조경제라면, 붕어빵을
생선 가게에서 파는 것도 창조경제일 터. 몇몇 업자들의
'이윤 창조'를 창조경제라 부르는 것은 지나친 허풍이다.

최저임금

**최고가 낮아져야
최저가 높아진다.**

시간당 최저임금 5,210원은 전체 임금 평균의 30%를
약간 넘는 수준이다. 이른바 진보 정당이나 단체에서
임금 평균의 50%를 최저임금으로 요구했지만, 자본가
정권은 지불능력이 안 된다는 이유로 그 요구를
씹고 말았다. 그런데 지불능력이 문제라면 방법은
있다. '최고임금'을 제한하여 지불능력을 확보하면
된다. 가령 '최저인간'들의 임금은 임금 평균의
50%로, '최고인간'들의 임금은 넉넉하게 임금 평균의
200%쯤으로 가이드라인을 정하면 된다. 고위 공직자든
대기업 간부든 임금이 그 선을 넘지 못하게 하는 것이다.
물론 그래도 '최고'들은 '최저'들보다 4배나 더 받는다.
여전히 불평등하지만 최저인간들도 그쯤은 참을 수 있을

터. 최고임금 제한 없이 적정한 최저임금을 기대하는
건 허풍이다. 최고가 낮아져야 최저가 높아진다. 여럿이
길을 갈 때, 후미가 처지면 한동안 선두가 제자리걸음을
해주는 건 당연한 일.

투자유치

투자유치란 지방자치단체가
기업의 부당이익을
안전하게 보장해주는 것이다.

지방자치단체들은 주민들 문전옥답을 밀어서 공장 터를
만든 뒤에, 자본을 대상으로 대출지급보증 같은 비싼
경품을 내걸며 '투자 유치'를 벌인다. 내 돈을 빌려준 뒤
그 돈으로 내 땅을 사게 하는 것. 그래놓고 '투자 유치'로
지역경제 활성화에 기여했다며 허풍을 떤다. 그러다가
종종 기업이 대출금을 떼어먹고 사라져버리면, 꼼짝없이
그 대출금을 대신 갚아주면서 닭 쫓던 개처럼 지붕만
바라보기도 한다. 실제 투자는 지자체 예산으로 하고,
그로 인한 이익은 사적 기업이 챙기도록 구조화되어
있기 때문이다. 지방자치단체가 어중이떠중이 기업을
유치하여 그들의 부당이익을 안전하게 보장해주는 것.
그것을 투자 유치라 부른다.

파업

일하지 않을 권리를
비난하거나 막을 권리는
어느 누구에게도 없다.

자본가들은 일 년 내내 파업(휴업)을 해도 욕먹지 않지만,
노동자들은 하루만 파업을 해도 욕을 바가지로 먹는다.
자본가의 파업은 당연한 것으로 간주되고, 노동자들의
파업은 불온한 것으로 간주된다. 그만큼 자본가는
사회적으로 쓸모없는 존재이고, 노동자는 사회적으로
필수적인 존재이기 때문이다.

사실 노동자계급의 파업은 자본가계급의 부당한 영업에
제동을 걸기 위한 것이다. 이윤의 원천이 자본이 아니라
노동에 있음을 말하고자 하는 것이다. 또한 파업은
대중의 불편함을 조장하는 것이다. 그리하여 노동자들의
목소리에 귀 기울이게 하려는 것이다. 그로써 파업

노동자의 사회적 존재 가치를 인정받으려는 것이다. 이와 같은 노동자계급의 파업이 부당하다면 자본가계급의 소유권은 천부당만부당하다. 파업, 즉 일하지 않을 권리를 비난하거나 막을 권리는 어느 누구에게도 없다.

휴대전화

휴대전화가 똑똑해질수록
사람들은 점점 멍청해진다.

휴대전화. 일명 핸드폰. 전문용어로 이동전화다.
그것으로 부모들은 어린 자녀의 활동 반경을 감시하기에
편리하다. 아이들은 부모 잔소리를 피해 방 안에 숨어서
친구들과 농담을 주고받는 데 쓸모 있다. 내근하는
상사가 외근하는 부하 직원을 통제하거나, 외근하는
상사가 내근하는 부하 직원 귀찮게 할 때 편리하다.
얼굴도 가물가물한 먼 지인들에게 문자메시지로
부고장을 발송하는 데 유용하다. 낯 뜨거운 스팸
광고질이나 스토킹할 때 참 편리하다. 무엇보다
기혼자들이 바람을 피우는 데 편리하다.

물론 휴대전화는 범죄 예방이나 범죄 해결에 도움이

되기도 한다. 하지만 그보다는 범죄 자체에 도움이 되는 경우가 훨씬 많다. 게다가 깊은 산속이나 무인도 같은 데 표류했을 때, 휴대전화는 대체로 먹통이다. 기계가 똑똑해질수록 사람들은 점점 멍청해진다. 휴대전화가 사람을 휴대하기 때문이다.

힐링

힐링은 치유와 정화를
팔아먹는 이데올로기 상품이다.

그간 지배 언론과 상업 매체들은 개인들에게 출세와
성공이라는 이데올로기 상품을 무차별적으로
팔아먹으며 뜬구름 잡는 경쟁을 부추겼다. 하지만
무한경쟁에 지치고, 그 허위에 분노하고, 낙오에
좌절하고, 실패에 상처받은 이들이 늘어나자, 금세
이들 앞에 '힐링(healing)'이라는 신상품을 들이밀며
속삭인다. "마음이 아프세요? 그럼 힐링하면서
잊어버려요. 억울해서 분노가 솟구치세요? 그럼
힐링으로 마음을 다스리고 용서하세요. 현실이
고통스러워 죽고 싶다고요? 제발 참으시고 힐링으로
마취하세요. 죽을병에 걸렸는데 돈이 없으세요?
안타깝지만 힐링하면서 담담하게 받아들이세요. 여러분

힐링하세요!"라고.

힐링은 고장 난 체제에서 피해 입은 이들에게 치유와
정화를 팔아먹는 이데올로기 상품이다. 아픔에 대한
근본적 치료 따위는 없어도 된다. 일회용 티슈로 눈물 한
번만 닦아주면 그만이다. 그것이 힐링이다.

3

중요한 것은
세계를 변혁하는 것이다

"이제까지 철학자들은
세계를 단지 다양하게 해석하기만 했다.
중요한 것은 세계를 변혁하는 것이다."

카를 마르크스, 《포이어바흐에 관한 테제》

개인정보
개혁
괴담
국기
국기 문란
균형감각
농업경영인
다양성
대안
도전
독서
마음공부
법치
복지
불온
사표방지심리
사회통합
세대차이
소통
순리
여론
온정
원칙
인륜
인문학
인사청문회
조국
준법정신
천륜
침묵
탈이념
합법화
홍익인간
환경미화원

개인정보

개인정보는 국가에게
통치의 편의를 제공하기 위해
만들어진 것이다.

주민등록번호, 계좌번호 등 개인정보는 개인을 위한
정보가 아니다. 자본가 국가가 개인의 신체와 재산을
체계적으로 통치하기 위해 만든 숫자들이다. 개인정보는
그것에 숙달된 사람들에게 생활의 편의를 제공하는
것처럼 보이지만, 실은 그것을 생성한 자본가 국가에게
통치의 편의를 제공하는 것이다. 국가기관이나 지배
자본은 개인정보를 이용하여 우리의 사생활을 평생
침해한다. 통제당하는 개인들 입장에서 보면 개인정보는
파기되어야 할 정보다. 따라서 개인에게는 유출된
개인정보보다도 보호된 개인정보가 더 위험할 수도 있다.

개혁

개혁이 성공하면
지배체제가 강화되고,
변혁이 성공하면
지배체제는 약화된다.

지난 대선에 개입한 국정원에 대해 박근혜 정권은
'셀프 개혁'을, 이에 맞서 시국회의 측은 '전면 개혁'을
내세웠다. 그런데 셀프 개혁이든 전면 개혁이든,
개혁이란 낡은 것을 고쳐서 그대로 쓰자는 것이다.
오히려 존재를 강화하자는 것이다.

개혁과 변혁은 다르다. 개혁은 집권을 튼튼히 하기 위해
통치 권력이 주도하고, 변혁은 통치 권력을 제어하기
위해 인민이 주도한다. 변혁은 개혁을 촉구하는 수단이
되지만, 개혁은 변혁을 억누르는 수단이 된다. 개혁은
낡은 기득권을 강화하자는 것이고, 변혁은 낡은 것을
극복하자는 것이다. 따라서 개혁이 성공하면 지배체제가

강화되고, 변혁이 성공하면 지배체제는 약화된다.

개혁은 변혁을 유예시킨다. 중요한 것은 개혁이 아니라

변혁이다.

괴담

아무리 흉측한 괴담도
실제 현실의 공포를
뛰어넘기 어렵다.

여고 괴담, 도시 괴담 등에 이어 후쿠시마 원전사고에
따른 방사능 괴담도 떠돌았다. 이런 현상에 대하여 지배
권력과 언론은 "사람들에게 불안을 조장한다"며 악담을
퍼붓는다. 그러나 진짜 무서운 괴담은 "원자력의 평화적
이용"과 같은 사악한 이데올로기다.

자생적 괴담은 내버려두어도 거품처럼 사라지지만,
제도적 괴담은 박박 문질러도 지워지지 않는다. 허구적
괴담이 현실의 불안을 조장하는 게 아니라, 현실의
불안이 괴담을 조장한다. 문제는 괴담이 아니라 괴담을
일으키는 현실이다. 아무리 괴담을 제거해도 현실의
위험은 제거되지 않는다. 괴담에 악담을 퍼붓는 자들이

지속적으로 위험을 생산하기 때문이다. 괴담은 위험하고 불안한 현실에 대한 이차적 반영일 뿐, 아무리 흉측한 괴담도 실제 현실의 공포를 뛰어넘기 어렵다.

국기

국기는 국가라는 유령이
현신한 우상이다.

30년 전 오후 다섯 시. 온 거리에 장엄한 애국가가
울려 퍼진다. 관공서 건물 앞에서 펄럭이던 태극기가
내려간다. 지나가던 사람들은 발걸음을 멈추어 가슴에
손을 얹고 '국기에 대한 경례'를 한다. 골목에서
숨바꼭질을 하던 아이들도 '동작 그만'이다. 그 시절
사람들은 날마다 가슴에 손을 얹고서, 느슨해진 애국심을
억지로 반성했다.

국기(國旗)는 국가라는 유령이 현신한 우상이었다. 그것은
골육상잔의 전장에서, 양민 학살 현장에서, 1980년
광주의 인민 학살 현장에서도 인민의 피를 빨아들인 천
조각이었다. 그것은 대중을 광분케 하는, 투우사(鬪牛士)의

171

붉은 깃발이었다. 국기는 살아 있는 인민의 체온을 지키는 데는 무용하지만, 국가에 홀려 희생된 주검을 가리는 수의(壽衣)로서는 유용하다. 그런 천 조각을 무작정 숭배하는 나라에 인민의 평화는 없다.

국기 문란

촛불은 국기를 문란케 하는 길을
비추어야 한다.

박근혜 정권 출범 첫해. 대선에 불법 개입한 국정원을
규탄하는 촛불은 서울에서 시작하여 시골 동네에도 옮겨
붙었다. 그리고 여러 가지 목소리가 나왔다. 그중에는
'국기(國紀) 문란'을 자행한 국정원을 개혁하라는 외침도
있었다. 국가 기강을 문란케 한 국정원을 질타한 것.
여기에서 국기 문란이란 자본가 국가에 의한 엄격한 통치
질서를 무너뜨리는 것을 뜻한다. 지배계급의 용어다.

그렇다면 이상한 일이다. 국정원 직원들이나 국가를
지배하는 자본가들이 들어야 할 촛불을 동네 인민들이
들고 있는 셈이다. 피지배 인민의 고귀한 촛불은 사적
소유를 신성시하는 국가 기강을 세우기 위해서가 아니라,

그런 국가를 문란케 하는 길을 비추어야 한다. 나아가
그런 국가를 변혁하는 길을 비추어야 한다.

균형감각

진위가 대립하는 것들 사이에서 필요한 것은 균형감각이 아니라 당파성이다.

가해자와 피해자 사이에서 균형감각은 피해자의 편을 들지 못한다. 자본가와 노동자 사이에서 균형감각은 노동자의 편을 들지 못한다. 지배적 남성우월주의와 저항적 여성주의 사이에서 균형감각은 여성의 편을 들지 못한다. 제국과 식민지 사이에서 균형감각은 식민지의 편을 들지 못한다. 교권과 인권 사이에서 균형감각은 인권의 편을 들지 못한다. 허위와 진실 사이에서 균형감각은 진실의 편을 들지 못한다. 진위(眞僞)가 대립하는 것들 사이에서 균형감각은 방관자를 낳을 뿐이다. 거기에서 필요한 것은 균형감각이 아니라 당파성이다. 한 발 물러선 균형감각보다는 노골적인 편들기가 낫다.

농업
경영인

자본가국가는 농민에게
헛바람을 넣기 위해
농업경영인이라는 이름표를
달아주었다.

옛적 농부는 쌀이 없어서 못 팔았지만, 지금의
'농업경영인'은 쌀이 많아도 못 판다. 옛적에 농부가
지은 쌀은 보리쌀에 섞어 먹을 만큼 귀한 대접을
받았지만, 지금 농업경영인이 지은 쌀은 재고 처리도
어려운 애물단지 취급을 받는다. 농부는 주로 직접노동과
품앗이로 농사를 지었지만, 농업경영인은 주로 비싼
기계와 비료와 농약을 이용하여 농사를 짓는다.
그 때문에 농부는 빚지지 않는 농사를 지었지만,
농업경영인은 농사 자체가 빚이다. 농부의 일부는 땅이
모자라 지주에게 수탈당했지만, 농업경영인의 대부분은
일손이 모자라 기업에 수탈당한다. 옛적 농부는 어쩌다
지주 흉내를 냈겠지만, 요즘 농업경영인은 툭하면 사장

흉내를 낸다. 옛적 농부는 보릿고개에 멍들었고, 지금
농업경영인은 빚으로 멍든다.

신자유주의 시대 자본가 국가는 자유무역에 저항하는
농민에게 헛바람을 넣기 위해 '농업경영인'이라는
환각제(幻覺劑)를 이름표로 달아주었다. 머지않아 주부를
위한 '가사경영인', 작가를 위한 '창작경영인' 따위의
환각제가 출시될지도 모를 일이다.

다양성

틀린 것들이 함께
어울리는 건 다양성이 아니라
집단적 오류이다.

"꽃무릇과 상사화는 틀린 꽃이랑께."
"우리는 서로 생각이 틀려서 자주 싸운단 말이시."

이렇듯 '다르다'를 '틀리다'로 틀리게 쓰는 이들이 많다.
'틀린 것'은 맞지 않은 것이고 '다른 것'은 같지 않은
것임에도 습관처럼 어법에 틀리게 쓴다. '다른 것'과
'틀린 것'을 동일시하는 집단주의의 후유증일 것이다.
그렇다 하더라도 이쯤은 다양한 말버릇 가운데 하나라고
너그럽게 봐줄 수도 있다. 하지만 '같잖은 것'이
'틀려먹은 것'과 비슷한 욕설로 취급되는 건 문제가
있다. '같잖은 놈'은 그냥 '다른 놈'일 뿐이니 욕먹을
이유가 없다. 더 심각한 건 명백히 '틀린 것'을 '다른

것'이라 우기는 경우이다. 예컨대 박근혜 정권의 첫 법무장관 후보자는 국회청문회에서 "5.16에 대해 어떻게 생각하느냐?"는 질문에, "그에 대해 '다양한' 평가가 이뤄지고 있다"고 했다. '틀린 것'들이 함께 어울리는 건 다양성이 아니다. 그건 집단적 오류다.

대안

명분 없는 강한 쪽이,
명분은 있어도 약한 쪽을
억누를 때 "대안이 뭐냐?"고
묻는다.

1992년에는 김영삼이 군부독재의 대안(代案)이라고 했다.
그 대안은 금융위기를 몰고 왔다. 1997년에는 김대중이
정권 교체의 대안이라고 했다. 그 대안은 신자유주의를
몰고 왔다. 2002년에는 노무현이 정권 유지의 대안이라고
했다. 그 대안은 권력을 시장에 넘겨주었다. 2007년에는
정동영이 정권 답습의 대안으로 나서고, 2012년에는
문재인이 정권 교체의 대안으로 나섰다. 하지만 모두
선거의 대안이 못 되었다.

2017년에는 안철수가 정권 교체의 대안으로 나설지도
모른다. 만약 그에 대해 비판을 하면, 그의 지지자들은
또 "대안이 뭐냐?"고 물을 것이다. 대안은 주로 명분

없이 강한 세력이, 명분은 있지만 약한 세력을 억누를 때 쓰는 말이다. 하지만 그들이 말하는 대안은 대부분 바꾸어야 할 원안(原案)과 별로 다를 게 없다. 중요한 것은 원안과 종이만 다른 대안(代案)이 아니다. 원안과 확연하게 다른 신안(新案)이다.

도전

계급적 존재를 이반한 도전은
'닭짓'이다.

믿거나 말거나, 본래 닭들은 하늘을 날던 날짐승이었다.
그런 어느 날, 땅 위의 짐승들이 벌이는 달리기 경주를
구경하다가, 일등을 한 짐승의 목에 걸린 금메달을
부러워하게 되었다. 그때부터 닭들은 일등이 되는
꿈을 꾸며 달리기에 도전했다. 그러나 네 발로 뛰는
짐승들과의 달리기 경쟁에서 번번이 실패한 닭들은 "왜
우리에겐 앞발이 없냐?"며 날개를 원망했다. 날개를
퍼덕이는 짓은 닭들 사이에서 금기가 되었다. 닭들은
오로지 달리는 데 목숨을 걸었다. 이를 어기고 날기를
시도한 젊은 닭들도 있었다. 그러나 이를 본 늙은 닭들은
"닭의 본분을 망각했다"며 된통 혼을 냈다. 그처럼 네
발 달린 짐승들의 경주에 도전하는 동안 닭들은 날개가

점점 퇴화하여 오늘날 날개를 접은 '닭대가리' 집단으로 전락했다.

자본주의 사회는 무산대중에게 끊임없이 도전과 성공의 이데올로기를 주입한다. 하지만 유적(類的) 존재를 이반한 닭들의 도전이나, 계급적 존재를 이반한 인간의 도전이나 모두 '닭짓'이다. 자본주의 이데올로그들의 "도전하라"는 선전에는 "날개를 접고 다리 찢어지도록 뛰라"는 뜻이 숨어 있다.

독서

독서는 지배계급이
금서로 삼고 싶은 책만
콕 찍어서 해도 된다.

독서는 마음의 양식이라고 한다. 정신에 필요한 밥이라는 뜻이다. 먹지 않고 육신이 살 수 없는 것처럼, 책을 읽지 않으면 정신이 살 수 없다는 뜻일 게다. 그러나 서점에 진열된 책의 절반은 입시 경쟁, 취업 경쟁, 승진 경쟁 들을 위한 시험도구들이고, 나머지 절반은 스스로의 삶을 수탈하는 자기계발서이고, 그 나머지 절반은 쉬면서 울분을 삭이라고 권장하는 최면도구이고, 그 나머지 절반은 낄낄거리며 시간 죽이기에 좋은 놀이도구이다. 게다가 그 나머지 책도 꼬리에 꼬리를 물고 서로 베껴 쓴 게 대부분이다.

시중에 유통되는 '식품'이라는 상품이 대부분 식품자본의 이윤 추구를 위한 정크 푸드(Junk Food)인 것처럼, 서점에 유통되는 '책'이라는 상품도 대부분 출판자본의 이윤 추구를 위한 정크 북(Junk book)이다. 99%의 인민이 1%의 자본가계급에게 지배당하는 것처럼, 출간된 책의 99%는 1%의 자본가계급에게 도움이 되는 책들이다.

그러나 절망할 필요는 없다. 나머지 1%의 책 속에 99% 인민을 위한 길이 있을 수도 있다. 밥이든 책이든 부족해서가 아니라 넘쳐서 문제가 된다. 못 먹어서가 아니라 너무 많이 먹어서 몸에 병이 드는 것처럼, 빈약한 독서가 아니라 풍부한 독서 때문에 정신이 병들어간다. 독서는 지배계급이 금서(禁書)로 삼고 싶은 책만 콕 찍어서 해도 된다. 그 점에서 '독서만능주의'야말로 지배계급이 만든 선전이며 허상이다.

마음공부

진짜 마음공부는
현실을 잊어버리는 게 아니라
적극적으로 현실을
깨우치는 것이다.

파탄 난 자본주의 체제에서 살아가느라 몸도 아프고
마음도 아프다 보니 마음공부가 유행이다. 마음을
공부하는 방법은 가지각색이다. 하지만 그 기본은
나를 죽여서 나를 찾는 것이라 한다. 외면이 아니라
비움이라고 한다. 욕망을 버려서 행복을 얻는 것이라
한다. 과연 그것이 가능한가?

이미 상처 입은 나를 죽이는 건, 자신을 두 번 죽이는
일이다. 현실을 외면하지 않고서 마음을 비울 수는 없다.
머리를 비우지 않고서 마음을 비울 수는 없다. 재물을
버리지 않고서 욕망을 버렸다고 할 수 없다. 집에 있는
것 그대로 놓아두고, 은행에 맡긴 돈 그대로 놓아두고,

머릿속 편견도 그대로 놓아두고, 이해타산적 인간관계도
그대로 놓아둔 채 나만 들여다보며 비움을 말하는 건
위선이다.

객관적 실재와 관련 없는 생각은 없고, 생각과 관련 없는
마음은 없다. 따라서 진짜 마음공부란 과학적 사고방법을
터득하는 것이며, 객관적 실재로서의 현실을 공부하는
것이다. 역사의 법칙, 사회의 법칙을 제대로 이해하는
것이다. 마음공부란 현실을 잠시 잊어버리는 게 아니라
적극적으로 현실을 깨우치는 것이다. 마음은 독립된
실재가 아니라 물질적 세계의 반영이기 때문이다.

법치

인치나 법치나 그 주체는
모두 지배계급이다.

플라톤은 철인통치를 주장했다. 인치(人治)를 우선하고,
법치(法治)로 이를 보완해야 한다고 보았다. 인치와 법치의
조화를 이상적인 정치 형태로 본 것이다. 그런데 오늘날
자유주의자들은 '악법도 법'*이라는 말을 내세우며
법치를 신봉한다. 이들에게 인치는 '군인통치'를 연상케
하는 말이다. 그 때문에 인치는 독재정치, 법치는
민주정치라는 미신이 생겨났다. 그러나 법치주의가 곧
민주주의인 것은 아니다.

사람의 생각으로 다스리는 인치나, 사람이 만든 법률로
다스리는 법치나 그 주체는 모두 지배계급이다. 인치는
법치의 주체이고, 법치는 인치의 수단이다. 인치는

본질이고, 법치는 현상이다. 사실 인치냐 법치냐가
중요한 게 아니다. 독재 권력은 독재를 위한 법을
만들고, 지배계급은 지배계급을 위한 법을 만들 뿐이다.
따라서 피지배 인민은 스스로 만든 법에 의한 법치를
추구해야 한다. 변혁으로 체제를 전복해야 하는 이유도
그것이다.

★ '악법도 법'이라는 말은 현실적으로 악법도 법의 일부라는 뜻이다. 나아가
악법이 법의 전부가 될 수도 있다는 말이다. 따라서 '악법도 법'은 법의 가치
를 존중하는 말이 아니라 계급사회 법의 본질에 대한 절망적 표현일 것이다.

복지

복지란 소수 지배계급의
욕망을 채우고 남은 떡고물로
다수의 굶주림을 해결하는
개념이다.

복(福)이란 제사에 쓰는 고기와 술을 뜻하는 말이다.
제사가 끝난 후에 제사상의 음식을 나누어 먹는 것을
음복(飮福)이라 하는 이유도 그 때문이다. 지(祉)는
하늘에서 내리는 행복을 말한다. 따라서 복지(福祉)는
'하늘에서 내려준 고기와 술'이라는 관념론적 의미를
내포하고 있으며, 이는 국가가 곧 하늘이라는
의미와도 연결된다. 따라서 복지라는 말은 그 자체가
시혜(施惠)적이다. 무능하고 게으른 자들에게 국가가
베푸는 은혜인 것이다.

이즈막에 논란이 된 '보편적 복지'와 '선별적 복지'라는
말도 그 대상이 보편적이냐 선별적이냐의 차이만 있을

뿐, 본질적으로 모두 시혜의 개념에서 벗어나지 못한다. 사실상 복지란 소수 지배계급의 욕망을 채우고 남은 떡고물로 다수의 굶주림을 해결하는 개념이다. 그런데 자본주의 사회에서 지배계급의 욕망은 좀처럼 줄어들지 않고, 인민을 위한 떡고물은 좀처럼 늘어나지 않는다. 그 때문에 일시적으로 잘된 복지도 궁극적으로는 쇠락할 수밖에 없다. 그것이 복지 또는 사회복지(social welfare)의 한계다.

복지는 성장을 필요로 한다. 그러나 경제가 성장해도 복지가 증진되는 것은 아니다. 반면 성장이 멈추면 복지 증진은 반드시 멈추거나 후퇴한다. 1980년대 초 신자유주의 시대에 영국과 미국의 사회복지가 '생산적 복지'라는 미명하에 급격히 후퇴한 사실이 그 실례다. 요컨대 자본주의와 사회보장(social security)은 양립하기 어렵다. 자본가 국가의 복지는 인간 차별을 전제한 불안정한 사회보장 방식이다. 진실로 안정되고 지속적인 사회보장을 위해서는 복지사회보다 사회주의가 더 빠를 것이다.

불온

불온은 자신의 평온을 위해
상대의 평온을 파괴하는 것이다.

평온(平穩)하지 않은 것은 불온(不穩)하다. 과거의
지배자들은 독재에 순종하지 않는 모든 기제에 불온문서,
불온서적, 불온단체와 같이 '불온' 딱지를 붙여왔다.
그런데 정권을 비판하는 게 불온하다면, 정권에 협력하는
건 더욱 불온하다. 파업을 선동하는 게 불온하다면,
폐업을 단행하는 건 더욱 불온하다. 체제를 부정하는 게
불온하다면, 계급을 부정하는 건 더욱 불온하다. 김수영
시인 때나 지금이나 세상은 온통 불온하다. 이러한
불온을 합리화하는 조중동 신문이야말로 '불온문서'이며,
불온한 사회에 순종케 하는 교과서는 '불온서적'이며,
그런 교과서로 가르치는 학교는 '불온단체'라 할 수 있다.

지배체제에 불온한 것은 인민대중을 평온하게 하고,
인민대중에 불온한 것은 지배체제를 평온하게 한다.
불온은 자신의 평온을 위해 상대의 평온을 파괴하는
것이다.

사표방지
심리

사표방지심리란
약한 쪽을 억눌러
강한 쪽을 키우자는 말이다.

선거 때, 돈 많은 후보에 빌붙은 브로커들은 흔히
"안 될 사람 찍지 말고, 될 사람 찍어주자"는
논리를 암암리에 퍼뜨린다. 지배언론은 이를 이른바
사표(死票)방지심리라는 말로 윤색하여 써먹는다.
그럼으로써 지배계급의 기득권을 재생산하는 데
기여한다. 사표방지심리란 도둑놈일지라도 '센 놈'은
밀어주고, 선량할지라도 '약한 놈'은 외면하자는 말이다.
약한 쪽을 억눌러 강한 쪽을 키우자는 말이다. 소수 쪽에
등 돌리고 다수 쪽을 따르자는 말이다. 그리하여 약자는
더 약자로 만들고, 강자는 더 강자로 만들자는 말이다.
'사표방지심리'란 부르주아민주주의 선거에 먹혀든
'떡고물의 원리'를 표현한 말이다.

사회통합

사회통합에 대한 맹목적 욕구가
사회적 갈등을 재생산한다.

인간사회의 통합은 한 계급이 막강한 독재를 행사하거나,
아니면 계급관계가 완전히 해소되고 인간 해방이
실현되었을 때 가능하다. 그 점에서 극과 극은 서로
통한다. 사회통합은 타인의 잉여노동을 등쳐먹는
계급 착취의 논리도 되고, 이상사회를 실현코자 하는
인간 해방의 논리도 된다. 앞엣것은 비극의 극단이고,
뒤엣것은 희극의 극단이다. 통합은 최악의 논리인 동시에
최선의 논리인 셈이다.

그럼에도 밑도 끝도 없이 사회통합을 말하는 자들의
이력을 뒤져보면 사실은 사회 갈등과 분열의 원흉들인
경우가 많다. 지역감정을 이용해 인민을 분열한 자들,

빨갱이 사냥으로 사상을 분열한 자들, 기업 천국 노동 지옥을 위해 노동자를 분열한 자들, 교권으로 학생인권을 뭉개어 교단을 분열한 자들, 노숙자의 생명보다 콘크리트 건물을 중시하여 갈등을 일으킨 자들, 타인의 일용할 양식보다 자신의 골프채를 귀하게 여겨 빈부의 갈등을 부추긴 자들.

이 분열의 수혜자들이 말하는 사회통합의 의도는 모든 약자들의 요구를 강자의 권위에 흡수케 하는 것이다. 사회통합을 말하며 사회적 비판과 저항을 금기시하는 것이다. 사회적 갈등이 통합을 가로막는 게 아니라 통합에 대한 맹목적 욕구가 사회적 갈등을 재생산한다. 거기에 저항하려면 연대(連帶)해야 한다. 통합은 정복을 지향하고, 연대는 공존을 지향한다. 따라서 연대의 적은 통합이다. 연대투쟁과 변혁이야말로 진정한 사회통합이다.

세대차이

세대차이가 부각될수록
계급차이는 은폐된다.

세대차이는 취향의 문제이지만, 계급차이는 착취의
문제이다. 세대차이는 비적대적이지만, 계급차이는
적대적이다. 세대차이는 서로 피해도 큰 문제가 없지만,
계급차이는 서로 피하면 문제가 커진다. 세대차이는
받아들일수록 완화되지만, 계급차이는 받아들일수록
심화된다. 세대차이는 더러 상속을 통해 해소되지만,
계급차이는 투쟁을 거쳐야 해소된다. 세대차이는
사회적 현상의 하나일 뿐이지만, 계급차이는 사회적
본질 자체이다. 그리고 가장 중요한 것은, 세대차이가
부각될수록 계급차이는 은폐된다는 사실이다.

소통

적대적 관계에서는
소통으로 갈등과 모순을
해결하기는 어렵다.

'말이 안통하네뜨'. 박근혜에게 붙여진 별명이다.
이명박에 이어 박근혜 정권에서도 소통의 부재나
불통(不通)을 문제 삼는 목소리가 높다. 하지만 이들만큼
소통을 잘하는 대통령도 드물었다. 다만 그 대상이
자본가집단과 그 지지자들에 한정된 게 문제다. 대통령과
인민의, 귀족과 평민의, 자본가와 노동자 사이의
동등하고 자유로운 소통은 없다. 있다면 그것은 힘센
쪽의 의도를 관철하는 위장된 수단일 뿐이다.

적대적 관계에서는 소통으로 갈등과 모순을 해결하기는
어렵다. 반대로 갈등과 모순을 해결해야 소통이
이뤄진다. 따라서 막연히 소통을 노래 부르는 것은

적대적 대상을 비적대적 대상으로 착각하게 만드는 효과를 발휘한다. 이해관계가 통하면 소통은 저절로 이루어지지만, 이해관계가 부딪히면 소통은 좀처럼 이루어지지 않는다.

순리

순리는 억압과 체념의 이치이고,
진리는 비판과 저항의 이치다.

자연의 순리(順理)는 진리(眞理)에 가깝다. 그러나 사회의
순리는 진리와 거리가 멀다. 요컨대 모순된 사회의
질서를 순순히 따르는 것은 순리이지만 진리는 아니다.
오히려 순리를 거스르는 게 진리다. 약육강식의 질서는
순리일 수 있지만 진리는 아니다. 을이 갑에게 머리를
조아리는 것도 순리일 수 있지만 진리는 아니다. 순리는
적자생존(適者生存)의 이치이고, 진리는 호혜평등(互惠平等)의
이치다. 순리는 억압과 체념의 이치이고, 진리는 비판과
저항의 이치다. 순리는 고정불변의 이치이고, 진리는
변화발전의 이치다. 하지만 지금 사회에서 순리와 진리는
종종 충돌한다. 순리가 진리를 은폐하기 때문이다.

여론

중요한 것을 여론 해석이 아니라
변혁을 통해 여론 자체를
바꾸는 것이다.

사전에서는 사회 대중의 '공통된 의견'을 여론(與論)이라
한다. 그러나 엄밀하게 말하면 여론은 공통된 의견이
아니라 지배적 의견이다. 대중 전체가 토론하고 합의하는
과정을 거쳐서 나온 의견이 아니라는 말이다. 그것은
대부분 지배세력의 의견이 대중에게 투영된 결과이며,
편한 쪽으로 흘러가는 생각이다. 사회의 물질적 힘을
지배한 계급이 사회의 정신적 힘도 지배한다는 증거다.
따라서 여론조사에 여론은 없고, 여론정치에도 여론은
없다. 중요한 것은 여론을 통해 사회를 해석하는 것이
아니라, 변혁을 통해 여론 자체를 바꾸는 것이다.

온정

온정이 넘치는 사회는
순종과 복종이 넘치는
사회이기도 하다.

한가위나 설날 같은 명절 무렵에는 온갖 대중매체에서
'온정(溫情)'이라는 말을 남발한다. 백화점 현수막에도
선물용 포장지에도 그 말이 넘쳐난다. 물론 국가는
인민에게, 자본가는 노동자에게, 가부장은 가족에게
온정을 베풀기도 한다. 그러나 이런 온정은 피지배자들의
순종이나 복종을 전제로 한다. 따라서 온정이 넘치는
사회는 순종과 복종이 넘치는 사회이기도 하다. 이와
같은 일회성 온정으로 신분적, 계급적 불평등 구조를
고착화하는 것을 온정주의*라 한다.

사회의 지배자들이 온정을 강조하지만, 그것은
피지배자들의 '냉정(冷情)'한 사회 인식을 두려워하기

때문이다. 진정으로 따뜻한 명절을 방해하는 것은
지배세력의 불온한 온정이다.

★ 온정주의(paternalism)는 영국 산업혁명 시대 개량주의자 애슐리(Ashler)가
1874년에 '공장법'에 적용한 원리에서 비롯된 말이다. 자본가의 온정과 보호
아래 속한 존재인 노동자는 이에 보답하고자 등골이 빠지도록 열심히 일해
야 한다는 봉건적, 예속적 노무관리의 원리이다.
때로는 엄하고 때로는 인자한 아버지와 거기에 순종하는 가족의 관계를 모
델로 한다는 점에서 온정주의는 가부장적 가족주의의 확장이다. 아버지의
이익이 곧 가족의 이익이듯, 지배자의 이익이 곧 피지배자의 이익이라는 이
논리는 오늘날에도 노사 협조주의나 시혜적 복지정책 등으로 이어져 계급적
불평등을 합리화하는 도구로 활용되고 있다.

원칙

철도사유화 저지를 위한 철도노동자 파업을
무력화(無力化)하기 위해, 자칭 '원칙'주의자 박근혜가
말했다. "원칙 없이 타협하고 넘어가면 우리 사회의
미래를 기약할 수 없을 것"이라고.

자유무역협정으로 대자본가 돈벌이시켜주는 건
노무현 정권의 원칙이었고, 강을 파서 토건자본가
돈벌이시켜주는 건 이명박 정권의 원칙이었고, 철도를
쪼개어 자본가들 돈벌이시켜주는 건 박근혜 정권의
원칙이다. 인민의 저항을 억눌러 자본가들의 재산을
늘려주고 지켜주는 것은 자본주의 정권의 원칙이고,
자본가들의 요구를 짓눌러 인민의 평등한 삶을 추구하는

것은 인민의 원칙이다. 한쪽의 원칙이 잘 지켜지면
다른 쪽의 원칙은 위협당한다. 그것이 자본주의 사회의
원리다. 이처럼 지배계급의 원칙과 피지배계급의 원칙은
서로 모순된다. 따라서 자본가 대통령이 원칙을 잘
지킬수록 그 시대 인민은 괴로워진다.

인륜

인륜은 인간의 윤리가 아니라
통치의 논리다.

유교철학에서는 군신, 부자, 형제, 부부 관계 등에서
상하존비(上下尊卑)의 질서를 밝히는 게 인륜(人倫)이었다.
그중에서도 지배적 인륜은 군신관계였다. 유교철학에서
인륜은 '국가의 논리'였다. 서양철학에서는 가족,
시민사회, 국가 등의 질서를 밝힌 게 인륜(ethics)이다.
헤겔 '법철학' 개념에 따르면 인간의 개별성(특수성)은
가족이라는 보편성으로 통일되고, 이것이 부정되어
시민사회라는 특수성으로 통일되고, 이것이 다시
부정되어 국가라는 보편성으로 통일된다고 한다. 따라서
국가는 인륜의 절대적 단계라고 한다. 서양철학에서도
인륜은 '국가의 논리'였다. 동서양을 막론하고 인륜은
인간의 윤리가 아니라 국가의 논리이며, 통치의 논리다.

인문학

인문학의 흥행은 20세기 후반
사회과학의 퇴조와 관련이 있다.

오늘날 자본주의 사회에서 유행하는 인문학(人文學,
humanities)은 범위가 모호하다. 보통 문학, 역사, 철학
분야를 범주로 삼는다고 알려져 있지만 옛적에
서양에서는 기하학, 수학, 천문학, 신학도 인문학
범주에 포함되었고, 오늘날에는 여러 분야의 실용적
기술을 인문학 범주에 넣기도 한다. 또는 역사와
예술은 인문학 범주가 아니라는 주장도 있다. 한마디로
인문학은 표준화된 커리큘럼이 없다. 따라서 인문학은
'다양한 학문의 진열장'이며 '온갖 학문에 대한 다양한
사변(思辨)'들이다.

이처럼 범주도 없고 내용은 난해하며 경계도 모호한

인문학의 흥행은 20세기 후반 사회과학의 퇴조와
관련이 있다. 자유주의 이데올로그로서의 학자들은
신자유주의 물결에 휩쓸린 노동자계급과 인민의
손에서 사회과학을 빼앗고 인문학을 쥐어주었다.
물론 이들이 쥐어준 인문학은 '인문경영'이라는 말로
표현되듯, 임금노동자들의 자발적 복종을 체제화하려는
자본가계급의 요구에 부합하는 것이었다. 오늘날
인문학은 수탈에 지친 노동자계급과 인민의 눈물을
닦아주는 일회용 티슈 역할을 자처한다. 하지만 그
실상은 엄존하는 계급 착취를 언죽번죽 은폐하는 세련된
포장지다.

인사
청문회

인사청문회는
보편적 인간들에게 양심과
도덕의 현실적 기준을
대폭 낮출 것을 종용한다.

모든 사람은 '인간'이다. 어떤 일을 할 수 있는 지식이나
능력을 갖춘 사람은 '인재'다. 사회적으로 성공하여
지위가 높고 많은 사회 활동을 펼치는 사람은 '인사'라
한다.

인간의 일부는 청춘을 몽땅 건 이기적 경쟁을 거쳐
인재가 된다. 인재의 일부는 병역 면제, 부동산 투기,
위장 전입, 증여세 탈루, 논문 표절 따위와 같은 비리
경력을 경쟁적으로 쌓은 뒤에 비로소 통치 권력자의
눈에 띄는 인사가 된다. 따라서 통치자의 수첩에 적힌
이름의 주인공들은 대체로 충분한 비리 경력을 갖춘
인사들이다. 인사청문회는 이와 같은 일련의 과정이 정권

고위 각료가 되는 데 필수적임을 반복적으로 보여준다.
그로써 보편적 인간들에게 양심과 도덕의 현실적 기준을
대폭 낮출 것을 종용한다.

조국

조국이라는 말을 들을 때
뭉클한 느낌이 드는 것은
국가가 나를 파블로프의 개로
만들어버린 까닭이다.

조국은 가난한 농부였던 내 조상들의 등골을 뽑아먹던
나라이고, 모국은 일자무식인 내 어머니의 피땀을 훔쳐간
나라이고, 고국은 내 사상을 군대와 감옥에 감금시킨
나라이다. 그럼에도 조국이니 모국이니 고국이니 하는
말을 들을 때 뭉클한 느낌이 드는 것은, 국가가 나를
'파블로프의 개'로 만들어버린 까닭이다. 그들의 조상이
지배하던 국가, 그들의 어머니가 위세를 떨던 국가,
그들이 지금 지배하는 국가를 일컫는 말에 대하여
조건반사를 일으키게 된 것이야말로 국가가 나에게
저지른 최악의 만행이다.

준법정신

효율적인 폭력을 유지하는 방법은 착취당하는 다수의 준법정신이다.

착취하는 소수에게 법은 무딘 칼이다. 그들에게 준법은 칼 쥔 자의 뒤에서 뒷짐 지고 서 있는 일이다. 착취당하는 다수에게 법은 예리한 칼이다. 그들에게 준법은 번뜩이는 칼날 아래 숨죽이는 일이다. 그렇게 조성된 억지 평화는, 한쪽은 무디고 한쪽은 예리한 양날의 칼에 존재 의미를 부여한다.

계급국가의 법은, 한쪽은 무디고 한쪽은 예리한 모순된 칼이다. 착취하는 자들의 필연적 폭력은 유유히 방관하고, 착취당하는 자들의 우발적 폭력은 철저히 응징하는 칼이다. 그 점에서 법은 착취하는 소수에게 매우 효율적인 폭력수단*이다. 더불어 그 수단을

가장 효율적으로 유지하는 방법은 착취당하는 다수의
'준법정신'이다.

★ 이와 관련하여 그라피티 아티스트이자 영화감독인 뱅크시(Banksy)는 말했
다. "이 세계의 거대한 범죄는 규율을 어기는 것이 아니라 규율을 따르는 것
에 있다. 명령에 따라 폭탄을 투하하고 마을 주민을 학살하는 사람이 곧 거
대한 범죄를 저지르는 것이다"라고.

천륜

천륜은 국가에게 의무를
면제해주는 논리다.

인륜은 나라에 충성하는 윤리이고, 천륜은 부모에
효도하는 윤리이다. 인륜은 군신(君臣)관계의 윤리이고,
천륜은 부자관계의 윤리이다. 인륜이 중앙집권적
국가주의 윤리라면, 천륜은 가부장적 가족주의 윤리이다.
인륜이 사회적 계급관계의 윤리라면, 천륜은 생물학적
혈연관계의 윤리이다. 인륜은 국가의 전쟁에 개인을
동원하는 논리이고, 천륜은 '가족부양의무제'처럼
국가에게 의무를 면제해주는 논리이다. 이처럼 인륜과
천륜은 다르다. 그러나 이 두 가지는, 인간 착취와
불평등을 합리화하는 이데올로기라는 공통점을 갖고
있다.

침묵

침묵은 자신에게 불리한 진실을
은폐하는 데 유용한 수단이다.

연애전선에서 애인의 침묵은 무정(無情) 때문이다. 정이
없으니 할 말이 없다. 성직자가 세상에 침묵하는 것은
무상(無常) 때문이다. 덧없는 세상일에 굳이 입을 열
필요가 없다. 시절이 하 수상할 때 지식인의 침묵은
무념(無念) 때문이다. 지식은 있어도 생각이 없다는
뜻이다. 일상적 착취에도 노동자가 침묵하는 건
무식(無食)을 염려해서다. 입을 열면 밥 굶기 때문이다.
인민이 아우성치는데 통치자의 침묵은 무도(無道)다.
아는 바도 없고 알고 싶지도 않아서 막돼먹은 까닭이다.
침묵은 자신에게 불리한 진실을 은폐하는 데 유용한
수단이다. 때로는 말하는 입보다 침묵하는 입을 조심해야
한다.

탈이념

이념이 사회적 활동의
이정표라면,
탈이념은 이정표를
쓰러뜨리는 괴물이다.

사회적 영향력이 높은 정치가, 경영자, 학자, 저널리스트,
시인, 작가 등 엘리트들은 '이념(理念)'을 괴물로 몰아가며
'탈이념(脫理念)'을 금과옥조처럼 여긴다. 심지어 자청
'진보'라는 인사들이 탈이념을 좇기도 한다. 모두
모순이다. 이념은 '이상적으로 추구하는 생각이나
견해'다. 반면 탈이념은 '이상에서 벗어난 생각이나
견해'다. 이념이 사회적 활동의 이정표라면, 탈이념은
이정표를 쓰러뜨리는 괴물이다. 진짜 무서운 건 이념이
아니라 탈이념이다. 그것은 지배계급의 거꾸로 된
이념이기 때문이다. 또는 그것 자체가 기회주의적 사이비
이념이다. 탈이념은 결국 머리 없는 신체를 추구한다.

합법화

합법적 공간은 불법의 바다에
포위된 섬이다.

합법적 결혼은 연애보다 뜨겁지 않고, 그냥 연애는
금지된 연애보다 뜨겁지 않다. 합법단체는 법외단체보다
뜨겁지 않고, 법외단체는 불법단체보다 뜨겁지 않다.
뜨거운 법외노조에서 시작하여 미지근한 합법노조에
머무르다가 다시 법외노조로 돌아간 전교조에 뜨거운
바람이 불 수 있는 근거다.

사실 운동에서 합법화는 종착점이 아니다. 합법적 공간은
불법의 바다에 포위된 섬이며, 동시에 새로운 불법투쟁의
영역을 확대하는 일시적 지점이다. 무릇 피지배계급의
운동은 불법에서 시작되어 합법을 쟁취하고 무법을
지향해야 한다. 인간이 궁극적으로 추구해야 할 이상적인

사회는 개인들의 양심과 지성과 자유가 살아 있어 법
자체가 불필요한 무법천지다. 서로가 법 없이도 더불어
사는 세상이다.

홍익인간

입으로 홍익인간을 말하는
지배자들이 인간을
널리 이롭게 한 역사는 없었다.

개천절(開天節)은 하늘의 대리자를 자처하는 세력이
공권력을 거느리고 나타나 '홍익인간(弘益人間)'을 명분으로
내세워 인간 세상을 지배하게 된 일을 기념하는 날이다.
그로부터 4300여 년이 흐르는 동안 단군의 후예들은
소수의 주인을 이롭게 하기 위해 널리 노비들을 도구로
사용했고, 가부장을 이롭게 하기 위해 널리 여성을
억압하고, 지주를 이롭게 하기 위해 널리 소작농의
등골을 뽑아먹고, 자본가를 이롭게 하기 위해 널리
노동자의 피땀을 쥐어짜 왔다. 입으로 홍익인간을 말하는
지배자들이 인간을 널리 이롭게 한 역사는 없었다.
모든 인간을 널리 이롭게 할 수 있는 홍익인간 이념은
자본주의 체제가 무너진 이후에나 실현될 수 있을 터.

환경
미화원

부려먹을 때는
환경미화원이고,
임금을 줄 때는
청소용역노동자다.

예전에는 청소노동자를 '청소부'라 불렀다. 청소하는
남자는 청소부(淸掃夫), 청소하는 여자는 청소부(淸掃婦)라
했다. 요즘에는 모두 '환경미화원'이라 부른다. 청소도
천시하고 노동도 천시하는 사회적 관념에서 자유롭지
못한 까닭이다. 그러나 부려먹을 때는 환경미화원이고,
임금을 줄 때는 청소용역노동자다.

말은 미화되어도 처우는 악화될 뿐이다. 게다가 이처럼
미화된 말은, 환경을 '더럽히는 자'들이 깨끗이 '치우는
이'들을 천시하는 모순을 은근슬쩍 덮어버린다. 미화된
말의 포장지를 뜯어내면 거꾸로 된 현실이 비로소
보인다. 참고로 청소노동은 환경을 정화(淨化)하는

것이지, 미화하는 건 아니다. 굳이 말을 미화하려면 '환경미화원'보다는 '환경정화원'으로 했어야 한다.

4

역사는 비극과 희극으로
반복된다

"역사적 사건은 반복된다,
　　한번은 비극으로 다음은 소극(笑劇)으로."

카를 마르크스, 《루이 보나파르트의 브뤼메르 18일》

갑을관계

자본주의 사회는
개인들과 집단들의 권리가
끝없이 충돌하도록
구조화되어 있다.

'갑'과 '을'은 본래 갑돌이 갑순이 같은 어중이떠중이
가운데 누구를 부르는 말이었다. 이 말이 거래계약서에
쓰이기 시작한 것은 100여 년 전부터였다. 일제
자본가들이 조선인의 경제적 권리를 쟁탈하는 계약서에
'갑과 을'을 쓰며 이른바 '갑질'을 시작한 것이다. 이처럼
갑을관계는 권리를 세습하던 봉건적 신분사회가 저물고
권리를 매매하는 자본주의가 떠오른 과정에서 생겨났다.

요즘 들어 '갑을관계'는 불평등한 권리 계약 관계를
뜻하는 말로 굳어졌다. 그 때문에 계약서에 '갑'과
'을'을 쓰지 말자는 목소리도 들린다. 또 "갑과 을은
상호 존중해야 한다"는, 하나 마나 한 훈계도 이어진다.

하지만 '갑을'을 '병정'으로 바꾸어도 불평등 관계는
개선되지 않는다. 자본주의 사회는 개인들과 집단들의
권리가 끝없이 충돌하도록 구조화되어 있다. 그 결과
불평등한 계약관계도 점점 심화된다. 자본주의는
불평등을 먹고 자라기 때문이다.

공권력

공권력은 경제적 지배계급의
사유재산 보호를 위해
존재하는 국가의 폭력 장치다.

제주 4.3사건으로 민간인 수만 명이 공권력에
살해당했다. 한국전쟁 기간에는 보도연맹 사건을
필두로 남한에서만 100만 명가량의 민간인이 공권력에
살해당했다. 1980년 광주에서도 최소 수백 명이
공권력으로부터 학살을 당했다. 하와이대 럼멜 교수가
쓴 《정부에 의한 죽음》에 따르면, 지난 20세기 100년
동안 전 세계에서 2억 300만 명이 군대와 경찰 등
공권력에 살해당했다. 이중 1억 6,900만 명은 무장하지
않은 민간인이었다. 더욱 경악할 것은, 사망자 가운데
1억 3,000만 명이 자기 나라 공권력에 살해당했다는
사실이다. 공권력은 '국가 안보와 질서를 유지하고
국민의 생명과 재산을 보호한다'는 명분을 앞세워 인민에

대한 압수수색, 체포, 감금, 현금탈취(벌금) 등 합법적
범죄를 저지른다. 게다가 인민의 저항으로 지배 권력이
위기에 처하면 언제든 소리 나는 쪽으로 총구를 겨눈다.
공권력은 경제적 지배계급의 사유재산 보호를 위해
존재하는 국가의 폭력 장치다. 공권력은 '공적 권력'이
아니다. 그 실상은 '사적 권력'이다.

국기에
대한 맹세

국기에 대한 맹세는
국가에 대한 일상적 우상화에
기여하고 있다.

태극기라는 천 조각에 대한 충성 서약. 그 최초 버전은
1968년에 충남도교육위원회가 만들어 학교에 보급한
데서 비롯되었고, 1972년부터 전국의 모든 학교에서
시행되었다. 멋모르던 학생들은 까닭 없이 '자랑스런'
태극기 앞에서, 조국이니 통일이니 번영이니 하는 아득한
말들로 충성을 맹세했다. 그러다 1974년에 '몸과 마음을
바쳐 충성'하라는, 신체 포기를 종용하는 내용으로
지금의 중년 세대에게 익숙한 유신 버전 맹세문이
출시되었다.

한편 2007년에 출시된 노무현 버전에서는 국어 표기법에
어긋난 '자랑스런'을 '자랑스러운'으로 바로잡았고,

다문화 시대를 감안하여 '조국과 민족'은 '자유롭고 정의로운 대한민국'으로 바뀌었다. 몸과 마음을 바친다는 신체 포기 내용도 빠졌다. 미국의 '충성맹세'*와 일제의 '황국신민서사'가 흘레붙어 탄생한 '국기에 대한 맹세'는 지금도 천 조각에 대한 일상적 우상화에 기여하고 있다.

★ 1943년 미 연방 대법원은 '아동에게 충성맹세를 강요해서는 안 된다'고 판결했다. 그러나 공립학교 학생들은 여전히 수업 시작 전 국기에 대한 충성 맹세를 관습적으로 이어왔다. 그 뒤 2002년 6월 미국 샌프란시스코 순회항소법원에서 '하느님 아래(under God)'라는 구절이 위헌이라고 판결했지만, 미국인 다수의 반발에 부딪혀 판결 시행이 무기한 보류되었고, 2004년 6월에 미 연방대법원은 아예 이 소송을 기각했다.

국론분열

국론은 늘 자본가계급에
유리한 방향으로 통일된다.

표준국어대사전에 따르면 '국민 또는 사회 일반의 공통된
의견'을 '국론(國論)'이라 한다. 여기서 '국민'과 '사회
일반'이란 인민 전체가 아니라 일부 지배계급을 뜻한다.
따라서 국론은 국가의 의견이지 인민의 의견은 아니다.
'국론분열' 또한 지배권력 내부의 의견 분열을 일컫는
말이다. 실례로 제1차 세계대전 참전 여부를 놓고 그리스
국왕 콘스탄티노스 1세와 베니젤로스 총리가 첨예하게
대립한 상황을 역사에서는 '국론분열'로 표현한다.
하지만 그런 분열상도 결국 지배력이 강한 권력의
논리가 지배력이 덜한 권력의 논리를 흡수하는 방법으로
통일된다. 자본가 국가에서 국론은 늘 자본가계급에
유리한 방향으로 통일된다. 국가권력의 수혜자들은

국가지배 이데올로기에 조금이라도 흠집이 나면
국론분열이라고 호들갑을 떤다.★ 하지만 그것은 사회
내부의 '계급분열'을 은폐하고, 잉여노동을 수탈당하는
이들의 저항을 잠재우기 위한 선전에 불과하다.

★ 그 예로 취임 초기의 박근혜는 "국론이 분열되면 피해와 고통은 국민 몫"
이라 엄포를 놓았다. 고래 싸움에 새우등 터지는 것을 염려해주시는 그 심보
가 하해와 같다.

국민

국가주의의 객체인 국민은
민주주의 주체인 인민을
부정한다.

김영삼 정권은 '국민'이라는 말이 일제의 찌꺼기라며
국민학교를 초등학교로 바꾸었다. 인사(人事)가
망사(亡事)가 되지만 않았다면, 지금쯤 국민투표는
'초등투표', 국민연금은 '초등연금', 국민가수는
'초등가수', 국민여동생은 '초등여동생'이 되었을지도
모를 일. 그러나 불행히도 초등학교 바깥에는 여전히
'국민'이 널려 있다. 게다가 그 말은 점점 더 위세를
떨치고 있다. 한국인은 일본은 싫어하면서도 일제의
잔재인 국민은 매우 좋아한다.

국민은 국가를 구성하는 사람인 동시에 국가의 지배를
받는 사람들이다. 영어로는 nation이다. 그런데 이 말은

국민, 국가, 민족 등으로 번역된다. 결국 '국민(nation)'과 '국가(nation)'와 '민족(nation)'은 동일체라는 말이다. 예컨대 '국민의 정부'는 '국가의 정부'이며, '국민의 요구'는 '국가의 요구'와 같은 말이다. '국민은 국가를 구성하는 사람'이라는 사전 풀이는 '국가는 국가를 구성하는 사람', '민족은 민족을 구성하는 사람'이라는 말과 피장파장이다.

서양에서 본래 '국가를 구성하는 사람'은 인민(people)이었다. 링컨도 저 유명한 '게티즈버그 연설'에서 '인민의(of the people), 인민에 의한(by the people), 인민을 위한(for the people) 정부'라 말했다. 그러나 20세기 초반 사회주의권에서 '인민'을 선점하는 바람에 자본주의 국가는 '국민'을 고집하게 되었다. 그 치졸한 이유로, 우리는 전시동원체제의 집단주의 냄새가 물씬 나는 국민이 되고 말았다. 국가주의의 객체인 국민(nation)은 민주주의 주체인 인민(people)을 부정한다.

국민의례

국민의례의 바탕이 되는
군국주의의 욕망은
예나 지금이나
별로 다르지 않다.

국기에 절하며 맹세하고, 애국가를 부르고, 순국선열에
묵념하는 '국민의례(國民儀禮)'는 제국주의 시대 일본의 한
기독교단에서 유래했다고 한다.

1904년 러일전쟁이 발발하자 일본의 '영남판교회'는
일본의 제국주의 전쟁에 협력한다는 의미로 천황의 궁성
쪽에 대고 절하는 '궁성요배', 천황의 통치를 찬양하는
'기미가요' 제창, 천황을 신격화하는 '신사참배' 등을
내용으로 하는 '국민의례'를 만들어 시행했다.★

과거 일제의 '국민의례'와 지금 한국의 '국민의례'는
맹세하고 절하는 대상이나, 부르는 노래나, 참배의

대상은 다르다. 하지만 '국민의례'의 바탕이 되는
군국주의의 욕망은 예나 지금이나 별로 다르지 않을 듯.

★ 이윤옥 지음, 《오염된 국어사전》에서 내용 참고.

국위선양

국위선양이란 말은
'조선인 길들이기 5대 지침'에서
파생되었다.

과거에 브라운관과 은막을 점령했던 '대한뉴스'는 온통
국위선양(國威宣揚)*이라는 말로 분칠되었다. 이 말은 일본
메이지 정부 원년이던 1868년에 메이지 왕이 신하에게
내린 '5개조 선언'에서 유래되었다고 한다. 한마디로
"메이지 일본을 세계만방에 알리자"는 뜻이었다. 물론
그 주된 방법은 침략 전쟁이었다. 이 말은 7대 조선총독
미나미 지로의 '조선인 길들이기 5대 지침' 가운데
하나로 조선에 전파되어, 해방 70년이 다 된 지금도
버젓이 쓰이고 있다.

후쿠시마 원전 사고로 국위를 선양한 군국주의의
후예들이 들으면 퍽이나 좋아할 일이다. 사실

제국주의에서 비롯된 이러한 어용 용어들이 현실에서
여전히 쓰이고 있는 것은, 지난 100년간 인민에게 뼛속
깊이 박혀버린 '국가주의' 때문이다.

★ 표준국어대사전에는 '국위'와 '선양'이 따로 된 낱말로 나와 있다.

근대화

근대화는 수탈 방식의
교체일 뿐이었다.

일제는 조선에 '식민지 근대화'로 자본주의를 이식했고,
해방 후에는 친일친미 자본가들이 '신식민지 근대화'로
자본주의를 싹 틔웠고, 한국전쟁 후 박정희는 '조국
근대화'로 자본주의를 속성 재배했다. 여기서 '근대화'란
자본가들에게는 어둠을 밝히는 광명이었지만, 기층
대중에게는 수탈 방식의 교체일 뿐이었다. 신분질서에
의한 봉건적 수탈은 권리계약에 의한 자본주의적
수탈로 바뀌었다. 일제가 씨앗을 뿌리고 박정희 정권이
꽃피운 '근대화' 덕분에 지금 남한의 대자본가들은
숱한 노동자들의 무덤 위에 봉건 시대 영주를 능가하는
성을 쌓게 되었다. 근대화는 노동자들에게 절망을,
자본가들에게 축복을 가져다주었다.

난세영웅

난세가 영웅을 낳는 게 아니라,
영웅이 난세를 낳는다.

난세(亂世)영웅. 《후한서(後漢書)》에 나오는 말이다. 재략이
뛰어난 출중한 인물이 혜성처럼 나타나 큰 공을 세워
어지러운 세상을 구한다는 이야기다. 이는 '영웅이
난세를 구한다'는 뜻으로 해석할 수 있고, 거꾸로 '난세가
영웅을 낳는다'는 해석도 가능하다. 그렇다면 과연
영웅이 어지러운 세상을 구하는가, 아니면 어지러운
세상이 영웅을 낳는 것일까? 둘 다 아니다. 실제 역사
속에서는 영웅과 그의 무리들이 난세를 만들었다. 또한
난세를 만든 자가 영웅 대접을 받았다. 지난 반백 년
동안 틈만 나면 한반도에 전쟁 위기를 조성하는 자들의
면면을 보면 확실히 그렇다. 난세가 영웅을 낳는 게
아니라, 영웅이 난세를 낳는다.

내란
음모죄

대한민국 법리에서는
내란죄보다 내란음모죄가
훨씬 무겁다.

박정희나 전두환*처럼 총으로 내란을 일으킨 자들이
'내란죄'에 따라 제대로 처벌받은 적은 없다. 그러나
입으로 내란을 일으킨 자들은 '내란음모죄'로
가혹하게 처벌받았다. 그나마 대부분 조작된 증거에
의한 것이었다. 대한민국 법리에서는 내란죄보다
내란음모죄가 훨씬 무겁다. 총보다 입이 위험하고,
행위보다 생각이 위험하고, 현실보다 가정(假定)이 더
위험한 것으로 간주된다. 내란으로 흥한 자들이 터를
닦은 국가에서는 당연한 일이다. 그런 국가에서 내란은
죄가 되지 않는다. 다만 여럿이 모여서 그런 국가를
비판하면 '내란음모죄'로 무거운 처벌을 받는다.

★ 박정희는 내란을 일으켰지만 어떤 법적 처벌도 받지 않았다. 반면에 전두환과 노태우는 반란죄, 내란죄, 수뢰죄로 구속 기소되어 각각 무기징역과 징역 17년을 받았다. 그러나 1997년 12월 22일 김영삼은 이들에게 특별 사면을 내림으로써 내란죄에 면죄부를 주고 말았다. 내란죄 처벌이라고 말하기에는 민망한 일이었다.

노블레스 오블리주

중요한 것은
노블레스 오블리주가 아니라
노동자계급의 역사적 의무이다.

기득권층에게 요구되는 높은 수준의 도덕적 의무를
'노블레스 오블리주(Noblesse Oblige)'라 부른다. 고대 로마
시대 왕과 귀족들은 사회적 지위와 도덕적 의무가
비례하는 것으로 보고 봉사, 기부, 헌납 등을 실천하며
공공을 위한 일에 솔선수범했다고 한다. 특히 전쟁에도
몸 사리지 않고 참여하여 희생당하는 것을 명예로
여겼다. 이러한 귀족층의 솔선수범이 로마를 고대 세계의
맹주로 만들었다는 의견도 있다. 그러한 노블레스
오블리주 전통은 근대까지 이어졌다. 하지만 자본주의가
깊이 뿌리를 내린 지금은 사회적 지위와 도덕적 의무가
반비례하는 시대다.

지금의 노블레스 오블리주는 목숨을 건 희생이
아니라, 어쩌다 있는 부자들의 '선행'을 이르는 말로
쪼그라들었다. 그나마 착한 부자 한 명의 선행은 나쁜
부자 99명의 악행에 면죄부를 주는 수단으로 이용된다.
나쁜 부자도 마음을 고쳐먹으면 착한 부자가 될 수
있으리라는 착각을 일으키는 것이다. 그러나 지난
2000년의 역사에서 착한 부자는 늘어나지 않았고, 나쁜
부자는 줄어들지 않았다. 옛적에는 가진 자의 도덕적
의무가 중요했다면, 지금은 임금노동자의 역사적 의무가
중요하다. 도덕적 의무는 역사적 의무를 대신하지 못하기
때문이다.

★ 1, 2차 세계대전에서는 이튼칼리지 출신의 영국 고위층 자제 2,000여 명
이 전사했다. 포클랜드전쟁 때는 영국 여왕의 둘째 아들이 전투헬기 조종사
로 참전했다. 한국전쟁에는 미군 장성 아들 142명과 아이젠하워 대통령의
아들도 참전했다. 중국의 마오쩌둥은 아들이 한국전쟁에서 죽었지만 그 시
신을 수습하지 못하게 했다고 전한다.

도덕

도덕은 적대적
계급 관계 속에서
지배권력의 입맛대로
조작된다.

1970년대 학교에는 '반공도덕'이라는 교과목이 있었다.
고교입시에서 가장 큰 비중을 차지하는 과목이었다.
예컨대 고입 동점자는 반공도덕 성적을 우선하여
처리했고, 학교에서 과목을 나열할 때도 반공도덕이
가장 먼저였다. 당시의 지배적인 도덕은 반공(反共)이었다.
자본주의적 정의에 따르면 도덕이란 '사회의 구성원들이
양심, 사회적 여론, 관습 따위에 비추어 스스로 마땅히
지켜야 할 행동 준칙이나 규범의 총체를 말한다. 또
각자의 내면적 원리로서 작용하며 인간 상호 관계를
규정하는 것'이라고 한다. 하지만 그런 도덕은 사전
속에만 존재한다.

현실에서 도덕은 적대적 계급 관계 속에서 지배권력의
입맛대로 조작되거나 폐기된다. 요컨대 충효를 앞세운
봉건 시대 도덕은 계급적 신분질서 유지 용도로
활용되었고, 반공을 앞세운 유신 시대 도덕은 국가자본에
의한 노동 착취를 보장하는 용도로 활용되었다. 그리고
오늘날의 도덕은 자본 질서에 매수(買收)되었다. 도덕은
'사회적 존재'에 의해 규정되는 '사회적 의식'의 한
형태다. 결국 현존하는 지배 질서에 대한 자발적 복종을
내면화한 것이다. 따라서 "도덕이 땅에 떨어졌다"는
말은, 그 도덕의 토대가 되는 지배 질서에 구멍이 났다는
뜻이기도 하다.

멘토

개인의 성공 이데올로기를
부드럽고 친밀하게 전파하는
사람을 '멘토'라 부르게 되었다.

《오디세이아》에 나오는 싸움꾼 오디세우스는 트로이
전쟁에 나가면서 그의 아들 텔레마코스의 교육을
'멘토(Mentor)'라는 친구에게 맡겼다. 멘토는 오디세우스가
전쟁에서 돌아오기까지 무려 10여 년 동안 텔레마코스
왕자에게 선생, 상담자, 아버지 노릇을 하며 잘
돌보아주었다고 전한다. 아마도 그 시절에 멘토는 천한
것들로부터 귀족의 품위를 유지하는 법, 위엄으로
노예를 부려먹는 법, 전쟁에 나가 용감하게 칼로 사람을
죽이는 법, 혈통 좋고 재산 많은 여자와 연애하는 법,
출세 경쟁에서 이기는 법 따위를 텔레마코스 왕자에게
가르쳤을 게 뻔하다. 그 때문에 오늘날 세상의 불의함에
신경 끄고 사는 법, 폼 나게 좋은 대학에 합격하는 법,

비정규직노동자 안 되는 법, 더러워도 참거나 체념하는 법 따위를 가르치며 개인의 성공 이데올로기를 부드럽고 친밀하게 전파하는 사람을 '멘토'라 부르게 된 것이다.

사회계약

사회계약이란 지배계급 내부에서 그들끼리 맺은 계약이라는 말이다.

토마스 홉스(1588~1679)나 존 로크(1632~1704)에 따르면, 국가의 존재 이유는 사회계약 때문이다. 특히 홉스는 인간을 추잡한 욕망에 의해 움직이는 기계라고 보았다. 그의 눈에 내란기의 영국 사회는 '만인에 대한 만인의 전쟁'이 벌어지는 지옥이었다. 사람 기피증을 느낄 만했다. 그 때문에 홉스는 인공적 인간으로서 국가, 즉 괴물 같은 공권력이 필요하다고 했다. 그 때문에 사회계약설은 오늘날 국가의 존립 이유로 제시되고 있다.

그런데 지금의 인간들은 프로그래밍이 잘된 기계처럼 탈 없이 움직인다. 게다가 추잡한 욕망에 의해 움직이는 기계는 주로 지배 자본가들이다. 그리고 사회계약은 선거로 인민의 권력을 수거한 정치 권력자와, 거래로 인민의 노동을 수탈해간 자본 권력자들 사이에 은밀히 체결된다. 사회계약이란 지배계급 내부에서 '그들'끼리 맺은 계약이라는 말이다. 반면 인민은 국가와 계약을 맺은 적이 없다. 선거 때 투표용지에 자신의 정치적 권리를 위임한 백지계약 말고는.

새마을
운동

새마을운동은
속도주의, 성과주의, 물량주의,
물신주의의 바탕이 되었다.

날마다 새벽종이 울리고 새 아침이 밝았다고 떠들어대는
바람에 아침 단잠을 설치는 사람들이 많았다. 초가집도
없애고 마을길도 넓히는 바람에 시골 동네 지붕은
유독성 석면을 재료로 한 슬레이트로 바뀌었고,
고샅길은 콘크리트로 덮였다. 농촌에 맛없는 다수확 쌀
품종을 보급하여 식량 증산은 이루었지만, 그것은 도시
노동자에 대한 저임금 정책의 근거가 되었다. 게다가
비싼 농기계의 보급으로 농민들은 빚더미에 앉았고, 그로
말미암은 농촌의 유휴 노동력은 도시 공장에 헐값으로
흡수되었다.

한편 새마을운동은 제 나라 인민이 게으름뱅이라는 것을

전제로 했다. 그 내용은 인민의 정신을 반인권적으로 개조하여 일벌레로 거듭나게 하는 것이었고, 그 형식은 일제 말기 전시 동원 체제를 벤치마킹한 것이었다. 그로써 새마을운동은 '근대화'라는 이름으로 남한의 독점 자본 형성에 밑돌을 놓았다. 게다가 새마을운동은 오늘날 남한 사회의 병폐로 지목되는 속도주의, 성과주의, 물량주의, 물신주의의 바탕이 되었다. 한국인의 천민적 특성으로 지목되는 '빨리빨리' 문화도 새마을운동이 맺은 위대한 결실 가운데 하나다.

★ 농촌에서 시작된 새마을운동의 '근면 자조 협동' 정신은 도시 공장에도 적용되었다. 그 가운데 '근면'은 저임금에도 부지런히 일하는 노동자를 동원하는 논리로, '자조(自助)'는 "하늘은 스스로 돕는 자를 돕는다"며 사회복지의 책임을 개인에게 돌리는 논리로, '협동'은 예비군, 민방위 등 국가 동원 체제의 논리로 이용되었다.

선비

지금의 선비들은
자신과 가족의 밥벌이를 위해
숨 가쁘게 일하는 사람들이다.

직업을 가리키는 말 가운데는 유난히도 '사(士)'로 끝나는
경우가 많다. 변호사, 회계사, 세무사, 건축사, 기술사
등 뭔가 좀 있어 보이는 직업은 물론이고 공인중개사,
간호조무사, 보험설계사, 요양보호사, 운전기사,
목욕관리사 따위처럼 선비와는 그다지 연관성이 없어
보이는 직업에도 '사(士)'자가 떡하니 붙는다. 흔해빠진
'사장님'만큼이나 선비 또한 지천으로 넘쳐난다.
사농공상(士農工商)으로 순서를 매기던 신분제 사회의
억울한 기억이, 그리고 그에 대한 한풀이가 오늘날 선비
과잉 시대를 열었을 것이다.

참고로 같은 '사'라도 판검사는 선비가 아니다.

판사(判事)는 판가름을 일삼는 사람이요, 검사(檢事)는 단속을 일삼는 사람이다. 이들은 직업 명칭부터 선비 축에 들기는 어려워 보인다. 반면에 의사(醫師), 간호사(看護師), 약사(藥師) 등은 선비를 뛰어넘어 아예 스승이다. 이들이 나이 든 환자까지도 어린아이 취급하는 데에는 그럴만한 이유가 있었던 모양이다. 어쨌든 옛적 선비들은 타인의 노동에 기생하는 지배 엘리트였지만, 지금의 선비들은 자신과 가족의 밥벌이를 위해 숨 가쁘게 일하는 사람들이다. 선비는 진화했다.

스펙

스펙이라는 말에는 자본주의 사회 예비 노동자들의 처지가 응어리져 있다.

스펙은 specification을 줄인 말이다. 학벌과 학점, 토익 점수나 잡다한 자격증, 그리고 해외 연수나 인턴 경험 등 취업에 영향을 미치는 모든 요소들을 일컫는다. 보통 '사양(仕樣)'이라는 말로 번역된다. "컴퓨터의 사양이 어쩌고저쩌고" 할 때의 사양이다. 이는 본래 사람에 대해 쓰는 말이 아니다. 기계의 성능과 기능 수준을 나타내는 말이다. 스펙은 결국 사람을 기계로 비하하는 표현이다. 그럼에도 젊은 취업 준비생들이 이 말을 쓰게 된 것은, 황금 같은 청춘을 오로지 취업 관문을 뚫기 위한 기계적 성능 향상에 바쳐온 억울함 때문일 것이다. "그래, 우린 너희들이 필요로 하는 기계다. 어쩔래?"라는 억하심정이 드러난 말이다.

이처럼 스펙이라는 말에는 장기불황의 위기에 처한
자본주의 사회 예비 노동자들의 처지가 응어리져 있다.
그럼에도 채용의 칼자루를 쥔 기업이나 기관, 그리고
언론에서는 스펙을 공공연하게 읊어댄다. 젊은 취업
준비생들에게 대놓고 "너흰 기계야!" 하는 것이다.
천박하고 폭력적인 말질이다. 한편 지난 2004년
국립국어원은 '스펙'을 신어(新語)자료집에 등록했다.
하지만 그로부터 10년도 지나지 않아 지금은 '탈(脫)스펙
시대'라느니, 스펙은 참고사항일 뿐이라느니, 스펙보다는
스토리라느니 하는 말들이 선정적으로 흘러나온다.
그간 청춘을 바쳐 쌓아온 스펙은 어쩌라는 말인가. 예비
노동자들에 대한 말장난을 멈추라.

시민운동

시민운동은 노동운동 같은
계급적 운동의 대척점에 있는
자본주의 운동이다.

단순하게 말하면 시민(市民)은 '도시 사람'이다. 하지만
실제로는 훨씬 복잡한 유래를 가진 말이다. 먼저
고대 그리스의 아테네에서 정치에 참여하는 주권자를
시민이라 불렀다. 공민(公民)과 같은 의미로 쓰인
것이다. 또 조선 시대에 서울의 백각전(百各廛)에서
장사하던 사람을 시민이라 불렀다. 그리고 영국의
명예혁명, 프랑스 대혁명, 미국 독립전쟁 등과
같은 '부르주아혁명'을 '시민혁명'이라 부르기도
한다. 여기에서 시민은 재산깨나 있고 자유주의를
내걸며 정치적 주권을 행사하는 사회적 계급, 즉
'부르주아(bourgeois)★'를 가리킨다. 그런데 부르주아는
유산계급, 곧 자본가다. 시민과 부르주아와 자본가가 한

뿌리에서 나온 말들이다. 따라서 시민은 자본가계급의 우아한 얼굴이며, 시민운동은 노동운동 같은 계급적 운동의 대척점에 있는 자본주의 운동이다.

★ 중세 봉건 시대, 밤중에 장원의 담을 넘은 농노들은 수공업이나 장사로 제법 돈을 벌었다. 그들은 '부르그(burg)'라 부르는 성채에 모여 살았다. 부르그는 근대적인 산업도시로 발돋움했다. 이때 그 도시의 주민을 '부르주아(bourgeois)'라 부르게 되었다. '부르그에 사는 사람'이라는 뜻으로 원조 자본가를 가리키는 말이다. 그 후 '시민(市民)'들은 점점 자본을 축적하고 '자유주의'로 무장하여 봉건사회의 새로운 계급으로 성장했다. 그리고 프랑스 대혁명을 정점으로 귀족과 성직자에게서 권력을 빼앗아 자본주의 시대를 지배하는 계급이 되었다. 그들을 일러 '부르주아'라 한다.

실리

소수의 실리는
다수의 불리를 전제한다.

조선 시대 관료들은 사대주의를 좇을 때 명분(名分)을
앞세웠고, 이를 거스를 때 실리(實利)를 내세웠다.
당시에는 명분보다 실리가 새로운 역사적 가치였다.
하지만 오늘날 실리는 소수의 사적 이익을 뜻하는 말이
되었다. 요컨대 통치자에게 실리는 민주주의를 말살하여
얻은 이익이고, 자본가에게 실리는 노동자의 잉여노동을
쥐어짜서 얻은 이익이고, 노조 관료에게 실리는
노동운동을 파탄 내고 얻은 이익이다. 더불어 통치자의
실리든, 자본가의 실리든, 노조 관료의 실리든 모두
노동자에게는 불리(不利)다. 소수의 실리는 다수의 불리를
전제한다. 따라서 다수의 불리함이 없으려면 소수의
실리를 억눌러야 한다. 실리가 없어야 불리도 없다.

암흑기

자본주의 세계는 여전히
'암흑기 시즌2'의 터널을
지나고 있다.

근대 자본주의 발전을 이끈 자유주의자들은 자신들의
역사적 진보성을 입증하는 방편으로 중세를 철저히 낡고
부정적인 세계로 치부해야 했다. 그런 차별화 의도로
'암흑기'라는 말을 고안하여 퍼뜨렸다. 그로써 중세에
대한 편견이 조장되었다. 더불어 근대의 암담함도
은폐되었다. 물론 중세가 암흑기인 것은 맞다. 하지만
그렇다고 하여 근대 자본주의가 광명의 시대가 되는 것은
아니다. 중세 암흑기는 지났지만 근대 이후 자본주의
세계는 여전히 '암흑기 시즌 2'의 터널을 지나고 있다.

역사

역사는 지배 권력의
질서를 합리화하는 수단이다.

역사의 진행을 흔히 '역사의 수레바퀴'에 빗댄다. 수레는
지배자들의 도구였다. 역사는 계급적 도구라는 뜻이다.
그러므로 역사는 스스로 아무런 말도 하지 못한다. 오직
그것을 다루는 사람이 역사의 이름으로 말할 뿐이다.
역사는 대화 상대가 아니며, "역사와의 대화"라는 말은
'수레와의 대화'만큼이나 허망한 수사(修辭)다. 한편
도구는 이용되는 것이지 교훈을 주는 건 아니다. 따라서
"역사의 교훈" 어쩌고 하는 말도 '수레의 교훈'만큼이나
우스꽝스러운 말이다. 사람은 도구를 판단하지만,
도구는 사람을 판단하지 못한다. 마찬가지로 역사는
스스로 어느 것도 판단하지 못하며, 다만 판단의 근거로
이용될 뿐이다. 그러므로 "역사의 판단"이라는 말도

허위다. 역사는 지배 권력의 존재 이유와 지배 질서를 합리화하는 수단이다. 그럼에도 '역사의 수레바퀴가 담긴 역사교과서를 통해 역사와 대화를 나누고, 역사의 교훈을 얻으며, 역사의 판단을 얻는다'는 믿음은 지배 질서가 만들어낸 미신일 뿐이다.

역사의 심판

지금 심판하지 않은 역사는
조작되고, 은폐되고,
왜곡되기 마련이다.

쿠데타에 이어 유신독재를 자행하던 주인공 박정희는
"내 무덤에 침을 뱉어라"고 했다. 현실 권력에 저항하지
말고 끽소리 말고 구경만 하다가 '역사의 심판'에
슬그머니 떠넘기라는 엄포였다. 오늘 심판할 것을 내일로
미루고, 우리가 심판할 것을 후손들에게 넘기자는
것이었다. 그것은 일단 공소시효를 넘기고 보자는
범죄자의 심리, 또는 도피의 논리였다.

한편 항거불능의 암담한 현실에 처한 민중의 입에서도
종종 '역사의 심판에 맡기자'는 말이 나오기도 한다.
하지만 지금 심판하지 않은 역사는 조작되고, 은폐되고,
왜곡되기 마련이다. 따라서 미래에도 제대로 심판받기

어렵다. '역사의 심판'이란 살아 있는 책임의 주체가
아니라 썩어 문드러진 시체를 심판대에 세우는 일이다.
그러므로 침을 뱉어야 할 곳은 죽은 자의 무덤이 아니라,
살아 있는 자의 얼굴이다.

5.18
광주정신

지금 5.18광주정신의 요체는
자본독재체제에 강력하게
저항하는 것이다.

군부독재 타도를 외친 5.18광주민중항쟁 기념일을
맞아, 군부독재자의 딸 박근혜는 '5.18정신'이라는 말을
입에 담았다. 여의도에서 방귀깨나 뀐다는 의원들도
앞을 다투어 '광주정신'을 말했다. 새내기 국회의원
안철수도 광주정신을 말하며 민주당을 비판하기도 했다.
언제부턴가 광주정신은 자유주의 정치 권력자들의
혓바닥에 녹아 흐르는 유행이 되었다. 하지만 이들
가운데 어느 누구도 '광주정신'의 실체가 무엇인지
말하지 않는다. 이들이 들먹이는 광주정신이란 피해자가
가해자를 무작정 용서하는 것, 또한 피해자와 가해자가
억지로 화합하는 것이다.

요즘에는 자칭 '진보정당'과 관료화된 사회단체나 노동단체마저 '광주정신 계승'을 내세우며 이러한 흐름에 가담하는 추세다. 특히 광주의 후예임을 자처한 인사들 상당수는 이미 오래전에, 몇 푼의 금전적 보상에 눈이 흐려져 광주정신을 박물관에 팔아넘기기도 했다.

'5.18광주정신'의 요체는 군부독재 체제에 대한 저항이다. 그 정신을 오늘에 계승한다는 것은 자본독재 체제에 강력하게 저항하는 것이어야 한다. 1980년 광주 민중이 당당하게 군부독재 반대를 외쳤던 것처럼, 오늘날은 당당하게 자본주의 반대를 외쳐야 한다. 그것이 진정한 광주정신의 계승이다.

요직

지금의 관료들은 한탕을 해서
한몫 챙기는 자리를
요직이라 부른다.

조선 시대에 사헌부, 사간원, 홍문관 등 삼사(三司)의
벼슬자리를 흔히 '청요직(淸要職)'이라 불렀다 한다.
청요직은 당대 관료사회에서 '가장 학식이 높고
청렴한 선비에게 주어지는 자리'로 인식되었다. 그런데
언제부터인가 청렴을 뜻하는 '청(淸)'이 슬그머니
사라지고 '요직'만 남아 쓰이게 되었다. 지금은 예산이나
인사를 만지작거리며 힘깨나 쓰는 자리를 대놓고
'요직'이라 부른다. 청렴과 명예를 상징하던 말이 돈과
권력을 상징하는 말로 고스란히 바뀐 것.

물론 삼사의 관리들도 재물과 권력에서 초연하기는
어려웠을 터이다. 그래도 봉건 시대 관료들은 요직에

청렴을 내세우는 염치라도 있었다. 하지만 자본 시대의
관료 중 누군가가 청렴을 내세우면 "눈치 없다"는
눈총이나 받기 십상이다. 이들은 '한탕 해서 한몫 챙기는
자리'를 요직이라 부르는 데 주저함도 없고 망설임도
없다. 체제가 바뀌면 의식이 바뀌고, 의식이 바뀌면
말뜻도 바뀐다. 옛적 청요직이 지금은 '금요직(金要職)'인
이유다.

이단, 정통

물질적 지배력이 강하면
이단도 정통이 되고,
약하면 정통도 이단이 된다.

이단(異端, heresy)★과 정통(正統, orthodoxy)은 대립한다.
새로운 것은 이단이고, 낡은 것은 정통이다. 저항하는
것은 이단이고, 지배적인 것은 정통이다. 다양한 것은
이단이고, 획일적인 것은 정통이다. 진보적인 것은 주로
이단이고, 보수적인 것은 주로 정통이다.

이단은 강한 쪽이 약한 쪽을, 다수가 소수를, 낡은 쪽이
새로운 쪽을 핍박하는 관념적 독재의 논리다. 그런데
물질적 지배력이 강하면 이단도 정통이 되고, 물질적
지배력이 약하면 정통도 이단이 된다.

★ 이단은 그리스어 hairesis에서 유래했다. 본래 '분파'를 의미하는 말이었지만 주로 특정 교의(敎義)를 따르는 단체가 정통 교의에 대립하는 쪽을 단죄하고 배제하는 의미로 쓰이게 되었다. 참고로 이단은 교의 자체가 다른 종교를 뜻하는 '이교(異敎)'와 구별되는 말이다.

인적자원

인적자원은 인간을
소수 지배자들의 자산으로
여기는 말이다.

고대 노예제 사회에서는 생산 도구를 세 가지로
분류했다. 삽이나 수레 같은 것은 '소리 내지 않는 도구',
소나 말 등의 가축은 '소리 내는 도구', 인간의 모습을 한
노예는 '말하는 도구'라 했다. 그 말하는 도구들은 노예
소유주에게 중요한 재산이었다.

2000년이 지난 지금 자본주의 사회에서는 생산 재료를
크게 두 가지로 분류한다. 광물, 동식물, 가공물 등은
'물적자원'이라 하고, 기술과 노동력을 지닌 인간은
'인적자원'이라 한다. 그 인적자원을 자본가들은 중요한
자산(asset)으로 여긴다. 지난 2000년 동안 다수의 일하는
인간은 줄곧 소수 지배자들의 재산이자 자산이었다.

더불어 생산의 주체가 아니라 생산의 한 요소였다.
그나마 생산과정에서의 지위는 '도구'에서 '자원'으로
강등되고 말았다.

자유주의

자유를 쟁취한 것은
노동자, 농민의 피였지만,
자유를 누린 것은
자본가들이었다.

흔히 자유주의란 개인의 자유와 자유로운 인격 표현을
중시하는 사상이나 운동을 이른다. 또한 '사회와 집단이
개인의 자유를 보장하기 위해 존재한다고 보는 사상적
흐름'이라고 설명하기도 한다. 그러나 한껏 부드러운
이런 설명에 자유주의의 본질을 담아내기는 어렵다.
자유주의의 역사에는 수많은 곡절이 따랐기 때문이다.
초기 자유주의는 폭력적인 절대주의와 한편이었다.
로마교황청과 봉건영주들의 횡포에 맞서기 위해서였다.
그런 다음 자유주의자들은 평등, 자유, 박애 등의 깃발을
앞세우며 노동자, 농민의 피로 절대왕정마저 제거했다.
마침내 '민족국가'라는 이름의 안정된 시장과 새로운
착취시스템이 건설되었다. 노동자와 농민의 피를 제물

삼아 경제 활동의 토대를 지배한 자본가계급은 '소유의
자유'에 방점을 찍어, 소수 자본가계급의 무한한
사적 소유를 합리화하는 자유주의 지배이데올로기를
구축했다.

자유주의 이데올로기에 기대어 성장한 자본주의는
19세기에 이르러 국경을 넘나드는 거대한 제국주의
착취체제로 자리를 잡았다. 그 무렵 벨기에 화가
펠리시앵 롭스가 의미심장한 그림 한 점을 내놓았다.
1896년에 발표한 '창부정치(pornocracy)'★다. 발가벗은
창녀가 눈을 가린 채 식탐의 상징인 돼지의 뒤를
따라가고, 몇몇 지식인은 창녀의 발아래 꼴사납게
엎드려 침묵하는 모습을 담은 작품이다. 펠리시앵이
전하는 메시지는 간명하다. 자유주의란 탐욕이 이끄는
대로 따라가는 것, 자유주의 정치는 앞을 보지 않는다는
것, 그래서 자유주의 정치는 '창부정치'라는 것이다.
자유주의의 본질을 그만큼 극명하게 표현한 예도 없었다.
그것은, 자유주의 사회에 유산계급의 자유는 있지만
무산계급의 자유는 없다는 메시지이기도 했다.

★ '창부정치(pornocracy)'란 10세기 초반 로마 교황들이 테오필락투스 가문 출신의 귀부인 테오도라와 그의 딸 마로치아의 손아귀에 줄줄이 놀아난 정치 상황을 이르는 말이다. 두 모녀는 입맛에 따라 교황을 갈아치웠고, 술수를 부려 교황을 시해하기도 하였다. 특히 마로치아는 교황 세르지오 3세의 정부(情婦)이자 교황 요한 11세의 어머니로, 교황 요한 10세를 죽이고 레오 6세를 교황에 앉히는 등 교황청을 좌지우지했다. 이 시기 로마 교황 정치를 일러 '창부정치'라 한다. 귀족 가문의 부인이 창녀처럼 행세하며 교황정치를 좌우했다는 뜻이다.

전쟁

전쟁은 군중의 그릇된
애국심을 먹고 자란다.

2500년 전 고대 그리스의 시인 소포클레스는 말했다.
"전쟁은 가장 비열하고 부패한 인간들이 그 속에서 힘과
영광을 얻게 되는 상황"이라고. 또 영국의 희극배우 찰리
채플린은 "전쟁에는 전부 40대 이상만 나가라! 나이 먹은
사람들이 자기들은 전쟁에 안 가니까 쉽게 결정해서 젊은
사람들을 죽게 만든다"고 했다. 전쟁이 왜 일어나는지를
잘 꼬집은 말이다.

한편 천재 물리학자 아인슈타인은 "나는 제3차 대전에
어떤 무기가 쓰일지는 모른다. 그러나 제4차 대전에서
어떤 무기가 쓰일지는 알고 있다. 그것은 돌도끼다"라고
했다. 다가오는 큰 전쟁은 인류의 문명을 원시 상태로

돌려놓을 것이라며, 전쟁의 참혹한 결과를 경고한
메시지다. 전쟁은 군중의 그릇된 '애국심'을 먹고 자란다.
세상에 정의로운 전쟁은 없다.

지도자

지도자는 대중의 욕망을
추종하는 자이다.

손가락으로 길을 가리켜 무리를 이끄는 자, 방향을
찾지 못해 우왕좌왕하는 무리에게 길을 제시하는 자를
지도자라 한다. 하지만 자본주의 사회에서 각광받는
지도자가 되려면 대중의 욕망에 잘 따라야 한다. 그래야
선거에서 이겨 지도자의 자리를 얻게 된다. 앞서서
무리를 이끌지 말고 뒤에서 무리를 따라가야 지도자가
된다. 그 길이 삐뚤빼뚤해도, 지그재그여도 상관없다.
진흙탕 길이어도 개의치 말고 따라야 한다. 괜히
곧은길을 고집하다간 싸다듬이당한다.

지도자가 되려면 지도하지 말고 추종해야 한다. 지도자는
대중의 욕망을 추종하고, 대중은 지도자의 욕망을

추종한다. 따라서 지도자(指導者)는 곧 추종자(追從者)다.
자본주의 역사가 진보하지 않고 제자리를 빙빙 도는
이유도 바로 이것이다.

지식인

지식인의 허약하거나 영악한
양심은 체제의 덫에서
그 자신도 해방시키지 못한다.

조선 후기 실학자들의 스승 성호 이익은 노비의 인격을
존중하여 그들에게 함부로 반말을 하지 않았다. 그의
학풍을 이어받은 다산 정약용은 국가의 횡포 속에
남근을 자른 농민의 아픔을 〈애절양〉*이라는 시로
읊었다. 그들은 조선 최고의 양심적 지식인들이었다.
하지만 이익도 정약용도 노비제도 폐지를 말한 바 없다.
노비제도는 그로부터 100여 년이 지난 갑오농민혁명
때에야 폐지되었다. 결국 노비를 해방시킨 건 노비들
자신과, 노비나 다름없는 가난한 농민들이었다.

어쩌다 한 명의 '괴팍한' 지식인이 자본주의 지배 체제에
저항할 때, 나머지 99명의 지식인은 그 지배 체제의

유지를 위해 활동한다. 물론 이들도 더러는 민생을
걱정하고 사회를 비판한다. 그러나 이들은 정작 가난한
노동자와 자신들의 처지가 뒤바뀌는 것에는 단호하게
반대한다. 체제 속에 갇힌 지식인의 허약하거나 영악한
양심은 체제의 덫에서 그 자신도 해방시키지 못한다.
오히려 그들은 포도청 같은 목구멍을 핑계 삼아
더 고약한 지배자로 변신하기도 한다.

★ 〈애절양(哀絕陽)〉 전문

蘆田少婦哭聲長 (노전소부곡성장)

갈밭마을 젊은 아낙 길게 길게 우는 소리

哭向縣門號穹蒼 (곡향현문호궁창)

관문 앞 달려가 통곡하다 하늘 보고 울부짖네

夫征不復尙可有 (부정불복상가유)

출정 나간 지아비 돌아오지 못하는 일 있다 해도

自古未聞男絕陽 (자고미문남절양)

사내가 제 양물 잘랐단 소리 들어본 적 없네

舅喪已縞兒未澡 (구상이호아미조)

시아버지 삼년상 벌써 지났고, 갓난아인 배냇물도 안 말랐는데

三代名簽在軍保 (삼대명첨재군보)

이 집 삼대 이름 군적에 모두 실렸네

薄言往愬虎守閽 (박언왕소호수혼)

억울한 하소연하려 해도 관가 문지기는 호랑이 같고

里正咆哮牛去皁 (이정포효우거조)

이정은 으르렁대며 외양간 소마저 끌고 갔다네

里正咆哮牛去櫪 (마도입방혈만석)

남편이 칼 들고 들어가더니 피가 방에 흥건하네

自恨生兒遭窘厄 (자한생아조군액)

스스로 부르짖길, 아이 낳은 죄로구나 !

蠶室淫刑豈有辜 (잠실음형기유고)

누에치던 방에서 불알 까는 형벌도 억울한데

閩囝去勢良亦慽 (민건거세양역척)

민나라 자식의 거세도 진실로 또한 슬픈 것이거늘

生生之理天所予 (생생지리천소여)

자식을 낳고 사는 이치는 하늘이 준 것이요

乾道成男坤道女 (건도성남곤도녀)

하늘의 도는 남자 되고 땅의 도는 여자 되는 것이라

騸馬豶豕猶云悲 (선마분시유운비)

거세한 말과 거세한 돼지도 오히려 슬프다 할 만한데

況乃生民思繼序 (황내생민사계서)

하물며 백성이 후손 이을 것을 생각함에 있어서랴!

豪家終世奏管弦 (호가종세주관현)

부잣집들 일년 내내 풍악 울리고 흥청망청

粒米寸帛無所損 (입미촌백무소연)

이네들 한 톨 쌀 한 치 베 내다바치는 일 없네

均吾赤子何厚薄 (균오적자하후박)

다 같은 백성인데 이다지 불공평하다니

客窓重誦鳲鳩篇 (객창중송시구편)

객창에 우두커니 앉아 시구편을 거듭 읊노라

진보

직업 정치꾼과 선거 마케터들의
품 안에서 진보는
싸구려 선전 용어가 되었다.

노예소유제 시대의 노예주들에게 심보 좀 곱게 쓰라고
외친 건 정의로운 일이지만, 그것을 역사의 진보로
보기는 어렵다. 그 시대에는 노예주의 폭력수단을 빼앗는
게 진보였다. 봉건제 시대의 영주들에게 굶주린 농노들의
지대를 낮춰달라고 외친 건 착한 일이지만, 그게 역사의
진보는 아니었다. 당시에는 봉건영주와 교회의 토지를
모두 빼앗는 게 진보였다. 자본주의 시대에 노동자들에게
임금을 높여달라고 애원하는 건 선량한 일이지만, 그것이
역사의 진보는 아니다. 지금은 자본가계급의 손에서 모든
생산수단을 몰수하여 사회적 소유로 돌리는 게 진보다.

요즘에는 진보가 흔하다. 개나 소나 진보를 말한다.

심지어 자본주의를 옹호하고 자유주의를 신봉하는
자들마저 진보를 말한다. 특히 직업 정치꾼과 선거
마케터들의 품 안에서 진보는 싸구려 분내 풍기는
선전 용어가 되었다. 또한 낡은 운동 관료들은 계급을
말해야 할 자리에서 진보를 말한다. 입으로 새로운
세상을 꿈꾸되 계급 질서를 바꿀 용기가 없는 인사들은
체면치레용으로 진보를 말한다. 모두 사이비 진보들이다.
이처럼 가짜 진보가 설치면서 노동자계급 운동은
퇴보하고 말았다. 당연한 일이다. 진보의 반대는 보수가
아니라 퇴보이므로.

집행유예

집행유예는 재판관들의
곤혹스러운 심정을
잘 반영하는 판결이다.

죄는 있지만 처벌은 못한다. 그가 자본을 지배하고 있기
때문이다. 그래서 집행을 유예한다. 죄는 없지만 그냥
놓아줄 수는 없다. 그가 자본에 저항하기 때문이다.
그래서 집행을 유예한다. '집행유예'는 자본가 국가에
예속된 재판관들의 곤혹스러운 심정을 잘 반영하는
판결이다. 그로써 낡은 것의 파멸도 유예되고, 새로운
것의 출현도 유예된다. 하지만 유예는 한시적이다. 결국
갈 것은 가고, 올 것은 오고야 만다.

평화

진정한 평화는
강한 쪽이 먼저
힘을 뺄 때 찾아온다.

북한은 미국을 핑계로 핵실험을 하고, 미국은 북한과
같은 나라들을 핑계로 핵실험을 한다. 그러면서 모두
평화를 말하고 '전쟁억지력(抑止力)' 논리를 내세운다.
그런데 상대의 반격이 두려워 공격하지 못하도록
한다는 억지력은 매우 억지스러운 어용 논리다. 평화를
위한 핵무기는 없다. 핵무기 많은 나라의 인민이 더
평화롭다는 근거는 없다. 핵무기로 득을 보는 쪽은
그것을 보유한 나라의 지배 권력자들뿐이다. 진정한
평화는 센 쪽이 먼저 몸을 낮출 때, 강한 쪽이 먼저 힘을
뺄 때 찾아온다. 힘으로 짓눌러 이룩한 평화는 결국
죽음을 지향한다. 죽음만큼 완전한 평화는 없을 터.

핵억지력

위험을 피하는 길은
오직 핵 폐기뿐이다.

핵을 핵으로 억지한다는 '핵억지력'은 참으로 억지스럽게
지어낸 말이다. 방어적 핵무기란 적의 핵무기가 날아오지
않으면 쓸 일이 없고, 적의 핵무기가 날아와 터진 뒤에는
써봐야 "나 죽으니 너도 죽자"는 꼴밖에 안 된다. 따라서
별 소용도 없는 방어적 핵무기 대신 돌도끼를 핵무기인
것처럼 감싸놓고 허풍만 잘 쳐도 핵억지 효과는 볼 수
있을 터이다.

한편 남의 나라 핵무기가 터지면 남의 나라 핵무기에
보복을 의뢰한다는 '핵우산'도 살아서는 쓰기 어려운
우산이다. 우리 동네에 핵폭탄이 터져 우리가 죽고 나면
핵우산의 주인은 마음이 바뀌어, 우리를 공격한 놈들과

손을 잡을지도 모를 일이다. 그러니 적국의 핵무기나
우방국의 '핵우산'이나 둘 다 멀리 하는 게 낫다. 위험을
피하는 길은 오직 핵 폐기뿐이다.

5

쇠사슬을 잃고 세계를 얻어라

"프롤레타리아가 혁명에서 잃을 것은
쇠사슬뿐이요, 얻을 것은 온 세계다."

카를 마르크스, 《공산당 선언》

관용
국가
귀족노조
근로자
기부
노동조합
노동중심성
다수결
대박
대통령
도식화
매국노
명복
문맹
민(民)
민심
반(反)자본
비폭력
사람이 희망이다
사회지도층
사회 환원
상생
선악
선제적 대응
성숙
순수
유권자
입신양명
잉여
잡것
정의
주인의식
중도, 중용
진리 |
천민자본주의
티끌 모아 태산
파이팅
풍요

관용

관용은 개인이 개인을 대하는
태도로서만 의미가 있다.

집권과 동시에 촛불에 화상을 입은 이명박은 "떼법에
무관용의 원칙으로 대응하라"고 주문한 바 있다. 그리고
2009년 1월, 용산참사가 일어났다. 관용*의 원칙이든
무관용의 원칙이든 법치에 관용을 버무리면, 법 자체가
통치자의 심보에 따라 늘었다 줄었다 하는 엿가락이
된다. 그런 법치는 결국 독재자의 인치(人治)를 합리화하는
수단이며, 그런 통치권력에 관용을 구하는 것은 그
체제를 인정함을 전제로 한다. 더불어 부당한 힘이
지배하는 모순된 현실도 인정하는 꼴이 된다. 정복자,
통치자의 이데올로기로서 관용이란 무관용을 전제로
한다. 피지배 인민이 통치자의 관용에서 얻을 건 없다.
관용은 개인이 개인을 대하는 태도로서만 의미가 있다.

★ 관용(寬容, Toleration)은 다른 종교나 종파를 용인하는 종교적 태도에서 비롯된 말이다. 고대 로마제국은 복속된 이민족의 종교를 용인하는 관용정책을 펼쳤다. 그러나 유일신을 숭배하는 크리스트교가 국교가 되면서 로마제국의 '관용'은 '무관용'으로 바뀌었다. 한편 16세기 이후 캘빈이나 루터 등 종교 개혁가들도 가톨릭교에 관용을 요구했다. "당신들이 우리를 억압하고 박해할 힘을 가졌음은 인정한다. 그러나 너그럽게 좀 봐달라"는 것이었다.

이러한 관용 정신은 근대 부르주아 법 정신에도 반영되었다. 그리하여 법의 집행에서 지배세력의 이해관계에 따라 '관용의 원칙'과 '무관용의 원칙'이 시소게임을 벌이는 모순이 지금도 연출되고 있다.

국가

국가는 사회의 여러 가지
형태 가운데 하나일 뿐이다.

국가는 신성불가침한 종교처럼 사람들 의식을 점령하고
있다. 또한 많은 사람들은 국가가 만인의 보편적 이해를
대변하는 것처럼 믿는다. 하지만 만인을 위한 국가는
없다. 국가는 다만 지배적 계급의 이해를 대변할 뿐이다.
국가는 하나의 계급이 다른 계급을 지배하는 도구다.
예컨대 지금의 '국가'는 곧 '자본가 국가'의 줄임말이다.
인류 역사 전체에서 국가가 사회를 지배한 역사는 극히
짧다. 국가는 사회의 여러 가지 형태 가운데 하나일
뿐이라는 뜻이다. 그리고 언젠가는 지금과 다른 성격의
국가, 또는 그런 국가마저 소멸된 사회가 출현할 수
있다는 뜻이다. 코뮤니즘 사회든 아나키즘 사회든 명칭이
중요하지는 않다. 분명한 것은 '국가' 이외의 사회가 이미

존재했으며, 국가 이후의 사회도 반드시 존재하게 된다는 사실이다. 따라서 지금과 다른 국가, 나아가서 국가가 없는 사회에 대한 상상은 바람직한 것이며, 그것을 실현하고자 하는 활동은 정당하다. 반면에 그 활동을 가로막는 것은 폭력이다.

귀족노조

노동조합을 귀족노조와
천민노조로 분리하는 것은
교활한 이간질이다.

'귀족노조'라는 말은, 생산 현장 노동자의 임금은
일정하게 낮은 수준으로 제한되어야 한다는 생각을
은연중에 깔고 있다. 이는 인간 차별적 발상이다.
특히 투쟁에 나선 정규직 노동조합을 귀족노조라고
비난하는 순간, 투쟁하지 못하는 비정규직 노동조합은
'천민노조'로 전락한다. 이른바 귀족노조의 지위가
하락하면 천민노조의 지위도 함께 하락한다.

노동조합을 귀족노조와 천민노조로 분리하는 것은
노동자계급에 대한 교활한 이간질이다. 그에 따라 진짜
귀족인 자본가계급의 노동 착취는 가려지게 된다.
노동조합은 다만 어용노조와 민주노조로 구별되어야

한다. 더불어 노동자에게 타도의 대상은 귀족노조가 아니라 어용노조이며, 그 너머에서 팔짱 끼고 있는 '왕족 관료'나 '황족 자본가'여야 한다.

근로자

근로자에는 보편적 노동자를
불온시하고 적대시하는
심리가 반영되어 있다.

이승만 정권은 '노동기준법'이 아닌 '근로기준법'을
제정했다. 박정희 정권은 '노동절'이 아닌
'근로자(勤勞者)의 날'을 법정기념일로 정했다. '근로자의
노고를 위로하고 근무 의욕을 높이기 위해 제정한
법정 기념일'이라고 한다. 잉여노동을 수탈한 자들이
잉여노동을 수탈당한 자들을 위로하는 날이라는 의미다.

'부지런히 일하는 자'라는 뜻의 '근로자'에는 보편적
노동자를 불온시하고 적대시하는 심리가 반영되어
있다. 노동자 자신의 인간적 권리에 대해 입 다물고,
노동운동이나 정치 활동 따위는 꿈도 꾸지 말고, 시키는
대로 부지런히 일만 하라는 메시지를 담은 것이다.

거기에는 자본가계급과 그들 국가의 간절한 바람이
날것으로 반영되어 있다. 그런 말이 지금도 법적 용어로
버젓이 쓰이고 있다.

기부

부자가 기부를 하는 것은
세상이 바뀔까 두려워서다.

그저 그런 사람이 몸으로 때우는 자선 활동은 '봉사
활동'이라 하고, 유능한 사람이 능력으로 때우는 자선
활동은 '재능기부'라 하고, 부자들이 돈으로 때우는 자선
활동은 '기부'라 한다. 봉사 활동보다는 재능기부가,
재능기부보다는 금전기부가 더 끗발이 세다. 자선
활동에도 계급 관계가 작용한다.

그런데 부자들은 왜 기부를 할까? 이에 대해 미국의
철강자본가이자 유명한 자선사업가인 앤드류 카네기는
"여전히 부자와 빈자를 조화로운 관계 속에 묶어주기
때문"이라고 솔직하게 고백했다. 가난뱅이들의 분노를
묶어서 부자들의 재산을 안전하게 하며, 세상을 바꾸기

위해서가 아니라 세상이 바뀔까 두려워서 기부를 한다는
뜻이다. 기부(寄附)는 치부(致富)를 보장해준다. 따라서
개인이 천문학적인 재산을 축적할 수 있는 야만적
사회도 지속된다. 하물며 그런 기부마저 인색한 한국의
자본가들은 무보험 운전자들인가.

노동조합

노동자들은 노동조합을 넘어
자신들의 국가를 만들어야 한다.

예전에 소수의 자본가들은 모여서 상인조합이 아닌
국가를 만들었다. 하지만 다수의 노동자들은 모여서
국가가 아닌 노동조합을 만들었다. 그리고 노동조합은 곧
자본가들의 국가에 포섭되고 말았다. 애초에 노동자들도
국가를 만들어 자본가들의 상인조합을 포섭했어야 했다.
그러지 못한 까닭에 지금의 노동조합은 흐르는 강물을
거슬러가는 거룻배 신세가 되었다. 죽어라고 이념의 노를
저으면 민주노조가 되지만, 웬만큼 노를 저으면 제자리에
머물러 중립노조가 되고, 이념의 노 젓기를 멈추면 뒤로
떠내려가 어용노조가 되고 마는 것이다. 노동자들은
지금이라도 노동조합을 넘어 자신들의 국가를 만드는 데
나서야 한다.

노동
중심성

노동중심성은
계급성과 탈계급성을
적당히 절충하는 표현이다.

지난 10여 년 동안 '노동자계급성'이라는 말이 슬그머니
사라졌다. 대신 '노동중심성'이라는 말이 우경화에
대응하는 말로 쓰이고 있다. 물론 '자본중심'의 사회에서
'노동중심'을 말하는 게 무슨 문제냐고 반문할 수도 있다.

그러나 '노동자중심성'도 아닌 '노동중심성'은
계급투쟁의 논리가 아니다. 체제를 그대로 둔 채 노동이
중심이 될 수는 없다. 계급투쟁의 역사법칙을 믿지
못하고 반(反)자본주의를 주장하지 못할 바에는 차라리
'착한 자본주의'를 말하는 게 솔직하다. 노동자계급성
없이는 노동중심성도 없다. 노동중심성은 계급성과
탈계급성을 적당히 절충하기에 좋은 표현이다.

나아가 탈계급을 꿈꾸는 노동자단체 관료들이 몸 가리고 숨어 있기에는 딱 좋은 말이다. 노동중심성은 노동자계급성으로 복원되어야 한다.

다수결

다수결 원리는
의제 생산이 아니라
의사 결정에만 적용된다.

다수결(多數決)은 민주주의 선거의 핵심적 원리라고 한다.
그게 사실이라면 그 절차를 거쳐 등장한 이명박 정부도,
박근혜 정부도 민주적인 정부여야 한다. 만약 그렇지
않다면 다수결 원리도 민주주의를 보장하지 못한다는
뜻이다.

우리가 금과옥조처럼 여기는 다수결 원리는 '의제
생산'이 아니라 '의사 결정'에만 적용된다. 다수는
다수에게 필요한 의제를 생산하지 못하고, 다수를 대변할
후보도 내지 못한다. 주로 지배적 소수가 의제나 후보를
독점하고, 다수는 그에 대해 제한된 선택의 권리만
행사한다. 따라서 다수결의 원리는 '다수의 결정'이

아니라 지배적 소수가 내놓은 의제에 대한 다수의 동의,
또는 다수의 선택일 뿐이다. 사실상 다수결의 주체는
다수가 아니라 소수다.

대박

너도 나도 '대박!'을 외치는
사회는 그 자체가
거대한 도박판이다.

도박판에서 큰돈을 땄을 때 흔히 "대박 쳤다"고 한다.
그런데 도박판에서는 누군가 대박을 치면 다른 누군가는
쪽박을 차게 된다. 사회에서는 소수가 대박을 치면
다수가 쪽박을 찬다. 쪽박 없는 대박 없고, 대박 없는
쪽박 없다. 이런 마당에 대통령이 공개적으로 소수의
대박을 찬양하기도 한다. 어린 초등학생부터 대통령까지
너도 나도 '대박!'을 외치는 사회는 그 자체가 거대한
도박판이다. 판을 갈아엎지 않는 한 도박 사회는
계속된다.

대통령

대통령의 권력은
지배계급의 사적 소유를
확대 강화하는 데
주로 이용된다.

지금의 자본주의 사회에서 간과하지 말아야 할 사실이
하나 있다. 선거를 통해 권력의 정점에 선 대통령도
결국은 당대의 물질적 지배계급과 그들의 이데올로기가
빚어낸 피조물이라는 점이다. 따라서 그는 조물주인
지배계급에 대들어서는 안 된다. 다만 그는 조물주의
이익을 위해서 인민을 매우 아프게, 혹은 조금 덜 아프게
물어뜯다가 임기를 마치고 퇴장할 뿐이다.

대통령의 권력은 조물주들의 사적 소유를 확대 강화하는
데 주로 이용된다. 그러므로 '좋은 피조물'을 세우기
위해서 '나쁜 피조물'과 싸울 게 아니라, 피조물의 힘
자체를 약화시키는 싸움을 벌여야 한다. 나아가 피조물

뒤에 숨은 조물주들과 싸워야 한다. 그것은 거대하게
구축된 사유재산을 사회적으로 회수하기 위한 싸움이다.
지금 대통령이든 차기 대통령이든, 대통령은 그 싸움을
가로막는 존재다.

도식화

도식화는 자욱한 이념의
안개 속에서 대중과 진리를
이어주는 징검다리다.

자유주의자들은 흔히 도식화(圖式化)라는 한마디로
마르크스주의를 매도한다. 물론 도식화가 진리의 척도는
아니다. 그렇지만 도식화도 안 되는 이론은 허접한
예술은 될지언정 과학은 아니다. 도식화는 이론을
쉽게 설명하는 기술이다. 그마저 안 되어 도무지 무슨
소리인지 알 수조차 없는 자유주의 이론 대부분은
현실을 은폐하는 연막(煙幕)이거나, 그마저도 안 되는
허접쓰레기다. 자유주의자들이 모호함을 선호하는 것은
진리를 두려워하기 때문이다. 도식화는 자욱한 이념의
안개 속에서 대중과 진리를 이어주는 징검다리이다.

매국노

노비가 나라를
팔아먹은 적은 없었다.

애국과 매국은 대립적 의미로 쓰이는 말이지만, 앞엣것을
하는 사람은 애국자(愛國者)라 하고 뒤엣것을 하는 사람은
매국노(賣國奴)라 한다.

애국은 누구나 하는 짓이지만 매국은 '노비'들이나
하는 짓이라는 뜻으로 읽힌다. 하지만 노비가 나라를
팔아먹은 적은 없었다. 또한 노비들은 그럴 처지도
못 되었다. 요컨대 제 나라를 바쳐 중국을 섬기거나,
일제에 나라를 팔아먹거나, 미국에 주권을 갖다 바친
자들은 노비의 대척점에 존재하는 지배귀족이거나 그
시대 엘리트들이었다. 그러므로 매국 행위자들을 노비에
빗대어 매국노라고 부르거나, 돈만 밝히는 이들을

가리켜 '수전노(守錢奴)' 따위로 부르는 것은 노비들에 대한 지독한 편견이며, 뼛속까지 박힌 신분 차별 의식의 표출이다. 이처럼 우리가 무심결에 쓰는 말들이 편견을 확대 재생산한다.

명복

저승의 복 빌기 전에
삼가지 말고 반성할 일이다.

한 삶이 복된 이에게는 저승에서도 복되라고 빌고, 한
삶이 지지리도 복 없던 이에게는 저승에서라도 복되라고
삼가 명복(冥福)을 빈다. 그러나 노동자로 살기 위해
스스로 죽은 이에게는, 말로써 명복을 빌 일이 아니다.
삼가지 말고 반성할 일이다. 나는 노동자로 살지 않기
위해 노동자라는 이름을 더럽히지 않았는지. 싸움을
피하려고 계급을 지우지는 않았는지. 저승의 복 빌기
전에 그의 이름을 살려낼 일이다. 노동자라는 이름을,
계급이라는 이름을 살려낼 일이다. 뜨겁게 살리기 위해,
차갑게 투쟁할 일이다.

문맹

까막눈이 순진한 문맹이라면
문자쟁이들은 사악한 문맹이다.

낫 놓고 기역자도 모르는 사람을 문맹(文盲)이라 한다.
흔히 '까막눈'으로 불리는 이들은 글자를 잘 모른다는
이유로 무시당하기 십상이다. 반면 정치가, 행정관료,
판검사, 변호사, 카피라이터, 학자, 언론인, 문필가 등
'문자쟁이'들은 글깨나 읊어댄다는 이유로 존중받기
십상이다. 그런데 세상에 속고 해코지당하는 피해자는
주로 까막눈 가운데서 나오고, 세상을 속이고 해치는
가해자는 주로 문자쟁이 가운데서 나온다. 까막눈만이
문맹일까. 서류와 글월로 먹고사느라 '글자에 눈이 먼'
문자쟁이들도 문맹이다. 까막눈이 순진한 문맹이라면
문자쟁이들은 사악한 문맹이다.

민(民)

민(民)이라는 상형문자보다
소중한 건 그냥 사람이다.

백성을 뜻하는 '民'이라는 글자를 잘 살펴보면 눈(目)이
창(戈)에 찔린 모양새다. 세상에 이토록 섬뜩한
상형문자가 어디 있을까. 고대 중국에서는 단순 반복
노동에 필요한 노예를 구할 때, 멀쩡한 백성의 눈을 찔러
장님으로 만들었다고 한다. 중국의 갑골문자에도 그런
기록이 나온다.

그러니 민(民)은 곧 맹(盲)이다. 앞을 볼 수 없어 글도 못
읽고 길도 찾을 수 없는 존재다. 평생 지겨운 노동에서
벗어나지 못하도록 운명 지어진 자들이다. 따라서 민이
주권을 행사한다는 뜻의 '민주주의'는 허구다. 선거권
따위의 알량한 주권을 행사한들 이미 눈을 찔려 앞을 볼

수 없는 숙명적 처지는 변하지 않기 때문이다.

한국 역사에서도 민(民)은 수치스러운 말이었다. 옛적에
고을 백성이 원님에게 자기를 한껏 낮추어 이를 때
'민(民)'이라 했다. 그럼에도 한국인들은 '민(民)'이라는
말을 무척이나 좋아하여, 명목상의 신분제가 철폐된
뒤에도 국민(國民), 시민(市民) 따위로 그 맥을 이어왔다.

어쩌면 지난 반백 년의 한국 현대사는 '민(民)'자
돌림으로 점철된 시대였다. '민족(民族)'은 듣기만 해도
설움이 복받치는 말이고, '민주(民主)주의'는 피를 흘려서
쟁취해야 하는 가치로 여겼다. 더불어 '민중(民衆)'은
의식을 깨우쳐 인간 해방을 이끄는 주체라고 믿었다.
그러나 민(民)이라는 상형문자보다 소중한 건 그냥
사람이다.

민심

자본주의 시대 이후에는
민심도 인심도 모두 흉흉해졌다.

옛날이야기는 종종 '어느 해 기근이 들어 민심이
흉흉했다'로 시작된다. 물론 기근이 들지 않아도
민심(民心)이 훈훈했던 적은 거의 없었다. 민심이란
통치권력에 시달리는 백성이 통치권력에 대해 품은
마음이다. 민심은 억압 체제가 작동한 결과다. 게다가
우리가 알고 있는 역사에서 억압이 사라진 적이 없었다.
'민심'이라는 주어 뒤에 늘 '흉흉하다'나 '사납다' 같은
부정적인 서술어가 따라 붙는 이유다.

한편 민심은 인심(人心)과 구별되는 말이다. 인심(人心)은
사람이 사람에게 갖는 마음인 반면, 민심은 백성이
나라에 갖는 마음이다. 따라서 민심이 흉흉해도 인심은

훈훈할 수 있었다. 그러나 자본주의 시대 이후에는
민심도 인심도 모두 흉흉해졌다. 지금은 산골 외딴
마을의 인심도 별로 훈훈하지 않게 되었다. 민심도 죽고,
인심도 죽었다. 체제의 억압이 사람들 인성에 내면화된
까닭이다.

반(反) 자본

자본주의에 반대하는 것과
자본에 반대하는 것은
엄연히 다르다.

'반(反)자본주의'를 대신하여 '반(反)자본'이라는
말이 일부 운동가들을 통해 인구에 회자되고 있다.
이는 언뜻 '반(反)자본주의'의 줄임말처럼 들린다.
하지만 '자본'이 '자본주의'의 줄임말이 아닌 것처럼,
'반자본'도 '반자본주의'의 줄임말이 아니다. '자본'이
사회적 잉여노동이 물화된 내용이라면, '자본주의'는
그 내용을 모순되게 점유하는 형식이다. 즉 자본은
착취의 결실이며, 자본주의는 착취의 방법이다. 따라서
'자본주의'에 반대하는 것과 '자본'에 반대하는 것은
엄연히 다르다.

그럼에도 '반자본주의' 대신 '반자본'이라는 슬로건을

내세우는 것은, 이른바 '진보'의 대열에 서 있되
레드콤플렉스가 발동하는 국면에서는 언제든 뒤로
물러날 퇴로를 열어두자는 의도일 것이다. '개인'이
문제가 아니라 '개인주의'가 문제이며, '자유'가 문제가
아니라 '자유주의'가 문제이며, '자본'이 문제가 아니라
'자본주의'가 문제다. 더불어 그 문제에 대한 해결의
길은 '반자본'이 아니라 '반자본주의'여야 한다.

비폭력

국가의 폭력은
인민의 비폭력을 강제하고,
인민의 비폭력은
국가의 폭력을 강화한다.

자본은 국가를 독점하고, 국가는 폭력을 독점한다.
그러므로 자본은 폭력을 독점한다. 오늘날 대부분의
폭력은 자본에서 비롯된다. 그럼에도 자본과 국가는
이미 무장을 해제당한 인민들에게만 줄기차게 비폭력을
주문한다. 지금의 폭력 독점 체제를 굳건히 지키려는
의도다. 국가의 폭력은 인민의 비폭력을 강제하고,
인민의 비폭력은 국가의 폭력을 강화한다. 그로써 폭력과
비폭력은 점점 양극단으로 치닫는다. 국가의 폭력은
인민을 통제할 수 있지만, 인민의 비폭력은 국가를
통제할 수 없다.

사람이 희망이다

운동의 법칙에 따를 때
사람은 비로소 희망이 된다.

자본이 아니라 사람이 중심이고, 이윤이 아니라 사람을 지향해야 한다는 점에서 '사람은 희망'이라고 흔히들 말한다. 그런데 이 말은 이론이 아니라 사람을 중심으로, 이념이 아니라 사람을 따라서 모이고 나아가자는 뜻으로 쓰이기도 한다. 운동은 이론이 하는 게 아니라 사람이 하는 것이라는 논리와도 연관이 된다.

하지만 사람이 과연 희망이기만 할까? 운동의 주체가 사람이라면, 반동(反動)의 주체도 사람이다. 사람은 희망의 주체인 동시에 절망의 주체다. 그렇다면 반동의 시대를 살아가는 대다수 사람은 희망이 아니라 절망에 가까운 존재들이다.

운동의 법칙에 따를 때 사람은 비로소 희망이 된다.
이론이나 이념으로 정제되지 않은 운동이 난동으로
흐르는 경우도 있는 까닭이다.

사회
지도층

타인의 피와 땀을 흡수하는
사회지배층을 미화하여
사회지도층이라 부른다.

제 손으로 곡식을 가꾸고, 제 손으로 밥상을 차리고,
제 손으로 옷을 짓고, 제 손으로 집을 짓는 사람들은
사회지도층과 거리가 멀다. 제 몸으로 땀 흘려 노동하는
사람들도 사회지도층과는 거리가 멀다.

사회지도층이라 불리는 인사들 대부분은 직접 생산
노동에서 가장 멀리 떨어져 있으면서, 주로 남의
노동으로 의식주를 해결한다. 하지만 그에 대한
부끄러움을 모르며, 오히려 직접 생산 노동자들을
멸시하거나 적대시한다. 더불어 사회적 잉여노동을 가장
손쉽게, 가장 많이 차지하기도 한다. 또한 사회지도층은
생산과 소비의 현장에서 벗어난 제3자이면서도 경제적

권리를 가장 많이 행사한다. '지배자'를 '지도자'라
부르듯, 안정된 착취구조의 맨 위에서 알게 모르게
타인의 피와 땀을 흡수하는 '사회지배층'을 미화하여
'사회지도층'이라 부른다.

사회 환원

사회 환원이 주목을 받는 동안에
사회 미환원은 상속이라는
이름으로 법의 보호를 받는다.

환원(還元)이란 때가 되어 당연히 제자리로 되돌아가는
것이다. 사는 동안 긁어모은 재산의 사회 환원이 당연한
일이라면, 그런 재산을 환원하지 않는 건 부당한 일이다.
그럼에도 당연한 일에는 특수한 일처럼 칭찬을 하고,
부당한 일에는 당연한 일처럼 방관을 한다. 사회 환원이
주목을 받는 동안 사회 미환원은 상속이라는 이름으로
법의 보호를 받는다. 당연한 일에 쓸데없는 갈채를
보내면 그 대척점에 있는 부당함이 은폐된다.

상생

적대적 관계에서
공존은 있어도 상생은 없다.

지배 자본가들은 종종 상생(相生)을 말한다. 하지만
그것은 자본가와 노동자가 상생하자는 게 아니다.
과잉경쟁으로 물어뜯고 싸우다가 공멸의 위기를 맞은
자본가와 자본가가 함께 살자는 뜻이다. 비정규직노동자,
하청노동자, 파견노동자 등으로 노동자계급의 저항을
분산하고, 최대한의 이윤을 거두어 저희들끼리 서로
나누며 살자는 것이다. 따라서 자본가계급의 상생은
노동자계급의 상쟁(相爭)을 불러온다. 그들끼리의
상생에는 노동자들의 희생이 따르는 것이다. 자본가와
노동자 사이에서는 상생을 추구하기에 앞서 상극(相剋)을
정확히 인식하는 게 먼저다. 한쪽이 사라져야만 상극이
해소되는 적대적 관계에서 공존은 있어도 상생은 없다.

선악

선악의 논리는
곧 지배의 논리다.

니체는 《도덕의 계보》에서 선(善)과 악(惡)에 대해 말하는
사람이 누구인지에 대해 주목했다. 그에 따르면 지배적
강자가 좋아하는 것은 선이 되고, 싫어하는 것은 악이
된다.

예를 들어 자본가 국가의 관점에서 보면 전력 수급을
위한 송전탑 건설은 선이고, 이를 저지하는 밀양
'할매'들은 악이다. 또 자본의 이익을 위한 철도
민영화는 선이고, 이에 반대하는 철도노조의 파업은
악이다. 물론 노동 인민의 관점에서 보면 그 반대가
된다. 선악은 보편타당하게 고정되어 있는 개념이
아니다. 현실을 지배하는 힘은 선이고, 그것을 부정하는

힘은 악이 된다. 선악을 규정하는 것은 절대자로서의
신도 아니고, 보편적 다수도 아니다. 그것은 현실을
지배하는 물질적 힘에 의해 규정된다. 그러므로 선악의
논리는 곧 지배의 논리다.

선제적
대응

선제적 대응이란 말은
적대적 관계임을
솔직하게 드러낸다.

2013년 12월 철도파업 후 박근혜는 청와대
수석비서관회의에서 "SNS 유언비어에 대하여 선제적
대응을 하라"고 주문했다. '선제(先制)적 대응'이란 적을
먼저 제압하는 대응 방식을 말한다. 공격이 최선의
방어라는 의미의 군사 용어인 '선제공격(先制攻擊)'에서
파생했다. 그리고 공격경영을 표방한 야만적 자본가들의
입길에 오르내리다가 마침내 대통령의 입에서
튀어나오게 되었다.

이는 통치자와 인민 사이는 본질적으로 적대적
관계임을 솔직하게 드러낸 것이며, 적대적 인민에 대한
선전포고다. 따라서 피지배 인민 또한 선제적 대응을

전개해야 한다. '대통령 퇴진'과 같은 소극적 대응을
넘어 자본주의 철폐를 향해 나아가는 투쟁이야말로
인민의 선제적 대응이다.

성숙

성숙하다는 것은
지배질서를 인정하도록
잘 길들여졌다는 뜻이다.

맥 빠진 집회나 시위에 대해 부르주아 지배 언론은
흔히 '성숙한' 시위문화 어쩌고 하는 평가를 한다. 이들
어법에 따르면, 불의 앞에서도 흥분하지 않고 온건한
태도를 유지해야 성숙한 시민이다. 성차별 앞에서도
격분하지 않고 얌전한 자세를 잃지 않아야 성숙한
여성이다. 약자에게 눈 감고 강자에게 빌붙을 줄 알아야
성숙한 어른이다. 사회 문제와 갈등의 근본적 해결 대신
미봉(彌縫)을 잘해야 성숙한 지도자다. 게다가 계급 착취가
엄존해도 무조건 조용하면 성숙한 사회다. 성숙하다는
것은 지배질서를 인정하도록 잘 길들여졌다는 뜻이기
때문이다.

그들의 눈에는, 주체가 미숙한 사람은 성숙하게
보이고 주체가 성숙한 사람은 미숙해 보인다. 성숙은
비겁(卑怯)과 비굴(卑屈)을 미화한 말이다.

순수

순수라는 지배적
이데올로기가 있을 뿐,
세상에 순수한 것은 없다.

전혀 다른 것이 섞이지 않은 상태를 순수(純粹)라 한다.
그러나 아무것도 섞이지 않은 사물은 사물이 아니고,
아무것도 섞이지 않은 마음은 마음이 아니다. 무엇과
무엇이 섞이지 않고서는 아무것도 태어나지 않는다.
순수는 실재하지 않는다. 따라서 순수예술은 예술이
아니며, 순수문학은 문학이 아니다. 흔히 말하듯이
'참여문학'을 정치적 욕망과 문학이 결합한 산물이라고
한다면, 이른바 '순수문학'은 탈정치적 욕망과 문학이
흘레붙은 산물이다. 그러므로 순수문학은 순진한
사람들을 조롱하는 말이다. 세상에 순수한 것은 없다.
다만 순수라는 지배적 이데올로기가 있을 뿐이다.

유권자

유권자든 기권자든
모두 선거가 끝나면
무권자가 된다.

유권자(有權者)는 권리를 가진 자다. 하지만 그 권리는
권력의 백지 위임장에 도장을 찍을 권리로 제한된다.
그 점에서 투표용지는 일종의 권리 포기각서에 해당하며,
거기에 날인하여 권리를 위임한 뒤에 손 털고 돌아서는
보편적 존재들을 유권자라 부른다. 게다가 유권자는
개인과 국가 사이의 부당한 거래인 선거제도 자체에
대해서는 아무런 권리도 없다. 다만 거기에 기권으로
저항하는 수밖에 없다. 하지만 유권자든 기권자든 모두
선거가 끝나면 무권자(無權者)가 된다. 자본주의 국가
선거제도에서 유권자와 무권자는 결국 같은 말이다.

입신양명

입신(立身)은 몸을 단단히 세운다는 뜻이고, 양명(揚名)은
널리 이름을 날린다는 뜻이다. 곧 입신양명은 탱탱하게
발기한 거시기처럼 목에 힘주고 다니며 위세를 떨친다는
말이다. 거만하게 서서 엎드린 이들을 굽어보고,
이름 없는 이들을 밟고 다닌다는 뜻이다. 허리 굽혀
호미질하지 않고, 허리 굽혀 비질하지 않고, 허리
굽혀 밥 짓지 않고, 허리 굽혀 설거지하지 않아도
남들이 차려준 밥상을 받아먹는 지위에 오르는 일이다.
그러므로 다수의 굴신무명(屈身無名)이 없으면 소수의
입신양명(立身揚名)도 없다.

잉여

숱한 잉여들이 부러워하는
자본의 지배자들이
진짜 잉여들이다.

청년 실업자들 사이에서 자기 조롱의 의미로 흔히 쓰이는
말이다. 손창섭의 단편소설 제목 〈잉여(剩餘)인간〉에서
따온 말이다. 쓰고 남은 노동력을 뜻하는 '산업예비군'과
뜻이 비슷하다. 잉여인간이란 창고에 처박혀서
'땡처리'를 기다리는, 노동시장의 재고상품들이다. 그런
'잉여'들에게는 명절이 특히 괴롭다. 그러나 기죽을
것 없다. 그리고 아무리 자기 조롱의 의미라 하더라도
일자리 때문에 자신을 잉여 취급하지는 말라.
진짜 잉여는 카운터 뒤에 앉아 타인의 잉여노동을
갈취하는 자들이다. 숱한 잉여들이 부러워하는 자본의
지배자들. 그들이 진짜 잉여들이다.

잡것

제멋대로 구는 잡것들은
자유롭고 자연스럽다.

여러 가지가 섞인 잡스러운 물건. 그 잡것들을 제멋대로
들고 다니며 파는 사람을 잡상인이라 한다. 장르에서
벗어나 제멋대로 쓴 글은 잡문이다. 혈통이 제멋대로
섞인 강아지는 잡종이다. 들에 제멋대로 자라난 풀들은
잡초이고, 산에 제멋대로 자라난 나무들은 잡목이다.
아무 때나 제멋대로 드는 생각은 잡념이고, 제멋대로
배운 공부는 잡학이며, 제멋대로 나누는 이야기는
잡담이다. 모두 잡것들이다. 게다가 점잖지 못하고
제멋대로 행동하는 사람을 속되게 일러 '이 잡것'이라
한다. 이를 다시 성별에 따라 잡놈, 잡년으로 구별하여
부르기도 한다.

잡것들은 불순하고 속되고 하찮은 것들로 취급을 받는다. 하지만 체제에 포섭되지 않아서 제멋대로 구는 잡것들은 자유롭고 자연스럽다. 잡상인은 곳곳에서 출입금지는 당할지언정 정해진 상권(商圈)에서 자유롭다. 잡문은 정해진 장르의 고리타분한 속박에서 자유롭다. 잡종은 정해진 혈통의 답습에서 자유롭고, 잡초나 잡목은 정해진 배치의 질서에서 자유롭다. 잡념은 고정관념에서 자유롭고, 잡학은 꼰대들의 간섭에서 자유롭고, 잡담은 따분한 화법에서 자유롭다. 그 때문에 잡것들은 지배 체제로부터 배척을 당한다. 하지만 세상의 모든 질서는 본래 잡스러움에서 비롯되었다.

정의

흔히 말하는 정의란
그 시대 지배계급의 입장이
반영된 프로파간다이다.

'정의사회 구현'을 국정 헤드카피로 내걸었던
전두환에게는 군부독재에 저항하는 인민을 무력으로
때려잡는 게 정의였다. 하지만 당시 인민에게는
전두환을 때려잡는 게 정의였다. 법관에게는 악법도
정의이지만, 법으로 탄압받는 이들에게는 악법을
어기는 게 정의다. 자유주의자들에게는 시장경제가
정의이지만, 사회주의자들에게는 계획경제가 정의다.
고용자(雇用者)에게는 낮은 임금이 정의이지만,
고용자(雇傭者)에게는 높은 임금이 정의다. 가부장들에게는
남존여비가 정의이지만, 여성들에게는 성평등이
정의다. 전두환의 정의가 인민에게 불의이듯, 법관의
정의는 인민에게 불의이고, 고용자(雇用者)의 정의는

고용자(雇傭者)에게 불의이고, 자유주의자의 정의는
사회주의자에게 불의이고, 가부장들의 정의는
여성들에게 불의일 수 있다. 객관적 정의는 없다. 흔히
말하는 정의란 그 시대 지배계급의 입장이 반영된
프로파간다이다.

주인의식

노동자들은 세상에 대한
주인의식을 가지고 실제로
세상의 주인이 되어야 한다.

세상에서 말도 안 되는 소리 가운데 하나는, 회사의
주인들이 노동자들에게 "주인의식을 가지라"고
하는 것이다. 만약 노동자들이 회사의 주인들에게
"노동자의식을 가지라"고 요구하면 그들은 펄쩍 뛸
것이다. 둘 다 모순이다. 하지만 그 모순은 노동자들에게
회사의 소유권을 넘겨주면 해결된다. 그러므로 "우리
회사는 여러분의 것입니다"라고 말하는 사장이 있다면
노동자들은 그에게 "알았소. 그러니 회사 소유권을
우리에게 넘기시오"라고 요구할 일이다. 물론 그에 앞서
노동자들은 세상에 대한 주인의식을 가지고 싸워야 한다.
그리하여 실제로 세상의 주인이 되어야 한다. 그것이
바로 노동자계급의 역사적 임무다.

중도,
중용

중도가 비겁한 길이라면
중용은 용기의 길이다.

'중도 실용'이니 '중도 진보'니 하는 해괴한 말로 표를
구걸하던 자들이 가끔 '중용(中庸)'★을 들먹일 때가 있다.
하지만 정치에서 중도와 중용 사이의 거리는 박정희와
전태일만큼이나 멀다. 중도는 갈림길 사이에 난 길이다.
대립하는 두 입장 사이의 입장이다. 기회를 보다가 결국
유리한 쪽을 택하겠다는 태도다. 날로 먹고 거저먹고
손 안 대고 코 풀겠다는 기회주의 태도다. 반면 중용은
욕망, 분노, 두려움 같은 감정을 냉철한 이성으로
다스리는 변증법적 태도를 말한다. 다산 정약용은
"사람의 욕심과 이성이 가슴 속에서 싸우게 되면, 욕심을
누르고 이성의 지배를 받아야 한다"고 했다. 정치적
중도가 위장된 욕망이라면, 중용은 정제된 이성이다.

중도가 비겁한 길이라면, 중용은 용기의 길이다.

중도라는 허상의 길에서 벗어나는 데는 중용이 약이다.

★ 1801년 1월, 수렴청정을 하던 정순대비가 '오가작통법'으로 천주교 신자들의 씨를 말리려 할 때, 정약용의 셋째 형 정약종이 성물(聖物)을 도성 밖으로 옮기다가 발각되었다. 당연히 정약용에게도 불똥이 튀었다. 국문장에 끌려온 정약용에게 형리는 "형 약종의 죄상을 아는 대로 진술하라"고 다그쳤다. 형을 감싸야 하는 동생의 도리와 형의 죄상을 밝혀야 하는 신하의 도리 사이에서 고민하던 정약용은 마침내 "신하로서 임금을 속일 수도 없고, 아우로서 형의 죄를 증언할 수도 없다. 형이 죽음을 피할 수 없다면 오직 같이 죽는 길만 있을 뿐이다. 함께 죽여주기를 바란다"고 진술했다. 당시 다산의 법정 진술은, 목숨이 위태로워도 부인할 것은 부인하고 시인할 것은 시인하는 중용의 모범으로 평가되었다.

진리 1

자본주의 체제에서
우리를 자유롭게 하는 건
진리가 아니라 권리다.

참된 이치나 도리를 '진리(眞理)'라 하고, 그릇되어 이치에
맞지 않는 일을 '오류(誤謬)'라 한다. 〈요한복음〉 8장 32절
'진리가 너희를 자유롭게 하리라'는 말이 진리라면,
'오류가 너희를 속박하리라'는 말도 진리여야 한다.
하지만 실상은 '진리'를 따르다 인신을 속박당하는
경우가 많으며, '오류'를 행하여 물질적 자유를 누리는
자도 많다. 그 까닭은 명료하다. 자본주의 체제 자체가
오류이기 때문이다. 그 체제에서 우리를 자유롭게 하는
건 진리가 아니라 권리이기 때문이다. 물적 수단을
지속적으로 소유할 수 있는 권리 앞에서 진리는 힘이
없다. 권리는 우리를 자유롭게 하지만, 진리는 우리를
불편하게 한다. 거꾸로 된 사회에서는 그렇다.

천민
자본주의

천민자본주의라는 말은
자본주의 자체의 본질적 모순을
은폐하게 만든다.

흔히 한국 사회 체제를 '천민자본주의'라 비판한다.
그러나 여기에는 '천민'이라는 말로 신분 차별을
인정하고, 천민자본주의가 아닌 자본주의를 긍정적으로
보는 관점이 깔려 있다. 그로써 결국 자본주의 자체의
본질적 모순을 은폐하게 된다. 요컨대 자본가계급이
만든 지금의 역사책은 노비, 머슴, 광대, 백정 등 과거의
사회적 피해자들을 버젓이 천민이라 부른다. 게다가
오늘날 피지배 인민들마저 자신의 직계 조상일지도 모를
역사 속 피해자 계급을 천민이라 부르는 데 거리낌이
없다. 이는 사회적 가해자들의 용어로 사회적 피해자들을
욕보이는 일이다. 인민의 역사책에는 귀천이 없어야
한다. 한편 천한 자본주의와 귀한 자본주의가 따로

있는 게 아니다. '천한 착취'와 '귀한 착취'가 따로 있는
것도 아니다. 문제는 자본주의이고, 그에 대한 답은
'반(反)자본주의' 이후에 있다.

티끌 모아 태산

수많은 대중의 푼돈이 한데 모여 태산 같은 금융자본을 형성한다.

흔히 저축을 장려하는 의미로 쓰는 속담이다. 물론 티끌 같은 푼돈을 평생 모아 태산 같은 목돈을 만드는 사람도 없지는 않다. 하지만 그것은 뉴스에 나올 만큼 드문 일이다. 보통은 수많은 대중의 푼돈이 한데 모여 태산 같은 금융자본을 형성한다. 임금노동자는 자신의 필요노동 일부를 떼어 '저축'을 한다. 산업자본가는 노동자들의 잉여노동을 긁어모아 '축적'을 한다. 그리고 금융자본가는 저축과 축적을 모두 모아 화폐를 지배한다. '티끌 모아 태산'은 이러한 금융자본주의 원리를 잘 표현한 말이다.

파이팅

파이팅과 투쟁은 국적은 달라도
뜻은 같은 말이다.

'파이팅(fighting)!'을 우리말로 바꾸면 '투쟁!'이다.
통치자의 억압에 저항하는 민중이, 자본가의 착취에
맞서는 노동자들이 즐겨 쓸 만한 말이다. 하지만 정작
착취에 맞서 싸우는 사람들은 그냥 "투쟁!"이라 하고,
자본가에 의해 육성된 운동선수들이나 기업을 위해
돈벌이에 나선 영업자들은 주로 "파이팅!"을 외친다.
그러나 이 충실한 '파이터(fighter)'들은 '계급투쟁',
'파업투쟁' 같은 말에는 오히려 거부감을 드러낸다.
그러나 분명한 건, '파이팅'과 '투쟁'은 국적은
달라도 뜻은 같은 말이라는 것. 참고로 '파이팅' 대신
국어사전에도 없는 '화이팅'을 외치는 사람도 있다. 그런
언어 실력으로는 제대로 된 투쟁을 해내기는 어려울 터.

풍요

지금의 풍요는 생태계 파괴와
미래의 빈곤을 담보로 한다.

사람들은 대부분 풍요로운 삶을 꿈꾼다. 직업 정치인들도
줄곧 풍요로운 미래를 약속한다. 그러나 인류 역사에서
모두가 빈곤한 시대는 있었어도 모두가 풍요로운 시대는
없었다. 한쪽의 풍요는 늘 다른 쪽의 빈곤과 맞닿아
있었다.

귀족들의 풍요는 농노들의 빈곤과 닿아 있었고, 선진국의
풍요는 후진국의 결핍과 닿아 있고, 자본가의 풍요는
노동자의 빈곤과 닿아 있다. 물질적 재화가 과잉
공급되는 오늘날 자본주의 사회는 전체적으로 풍요로워
보인다. 그러나 드러난 풍요만큼 빈곤의 골도 깊다.
한쪽의 풍요와 다른 쪽의 빈곤은 반비례한다. 게다가

지금의 풍요는 생태계 파괴와 미래의 빈곤을 담보로 한다. 풍요는 자본가들의 탐욕을 반영한 성장주의 이데올로기이며, 파괴의 또 다른 이름이다.

6

제 갈 길을 가라

"제 갈 길을 가라, 남이야 뭐라 지껄이든."

카를 마르크스, 《자본》

결핍

물질적 풍요가 없으면
예술적 결핍도 없다.

예술에서는 결핍도 팔아먹기 좋은 상품이다. 하지만
결핍이 가난뱅이 예술가들의 전유물은 아니다. 결핍은
종종 조작된다. 가령 어떤 부자 시인은 자신의 부를
이용하여 결핍을 수집하고 창작한다. 그처럼 치밀하게
연출된 결핍이 본원적 결핍보다 대중의 관심을 더
끌고, 더 잘 팔리는 상품이 된다. 부실한 체제의 예술
소비자들은 실재적 결핍의 어두움은 불편해하고, 조작된
결핍의 가벼움은 즐거워하기 때문이다. 물질적 풍요가
없으면 예술적 결핍도 없다. 더불어 시인의 불행도 잘
표현되려면 물질적 풍요가 뒷받침되어야 한다. 풍요는
결핍을 치장한다.

고기

항생제가 범벅이 된
어린 짐승의 시체를
고기라 부르며 즐겨 먹는다.

소의 조상들은 20년쯤 살았다. 하지만 지금 그 후손들은 2년쯤 살다가 도살되어 고기로 변한다. 돼지의 조상들은 15년쯤 살았다. 하지만 지금 돼지의 후손들은 6개월쯤이면 도살되어 고기로 변한다. 닭의 조상들은 7년 내지 30년을 살았다. 하지만 지금 닭의 후손들은 2개월이 되기 전에 도살되어 고기가 된다. 예전에 비해 소의 수명은 10분의 1로, 돼지의 수명은 30분의 1로, 닭의 수명은 대략 100분의 1로 짧아졌다. 축산 자본이 저지른 폭력의 결과다. 이즈막에 우리는 항생제가 범벅이 된 어린 짐승의 시체를 '고기'라 부르며 즐겨 먹고 있다.

공인

공인은 공공의 세금으로
급여를 받고 공공에 봉사하는
사람을 이르는 말이다.

제법 유명한 프로야구 선수가 인종차별성 발언을 한
뒤에 물의를 일으키자 "공인으로서 더욱 신중하겠다"고
사과를 한 적이 있다. 인종차별성 발언도 문제이지만,
스스로를 '공인(公人)'이라 칭한 건 코미디다. 유명한
연예인이나 운동선수 등 스타들을 둘러싸고 그런
코미디는 종종 벌어진다. 표준국어대사전에 따르면
공인은 선거에 의해 뽑힌 공직자나 소방대원, 경찰,
군인, 공무원 등 '공적인 일에 종사하는 사람'이다.
공공의 세금으로 급여를 받고 공공에 봉사하는 사람을
이르는 말이다. 따라서 소속 자본단체와 자신의 이익을
위해 대중에게 '재미'라는 상품을 파는 프로야구 선수나
연예인 등은 공인이 아니다. 인기를 파는 상인일 뿐이다.

물론 생산수단에 대한 사적 소유가 사라진 사회에서는
구성원 모두가 공인이 될 수도 있을 것이다. 그
사회에서는 한 사람은 만인을 위하여, 만인은 한 사람을
위하여 일하기 때문이다.

국가대표

국가대표에게 쏟아지는 찬사와
박수 소리가 클수록
자본의 지배력도 커진다.

국가대표는 국가를 대표하고, 국가는 자본을 대표한다.
따라서 국가대표는 자본을 대표한다. 이들은 제국주의
국가와 초국적 자본이 주도하는 각종 국제경기에서
승리하여 사람들에게 우월감이라는 과대망상을 선사하는
임무를 부여받는다. 대부분의 스포츠에서 국가대표는
'스포츠정신'이라는 헤드라인으로 피지배 인민과 지배적
자본 사이를 효율적으로 매개한다. 그로써 대중의 과잉
관심을 유발하고 지배 국가에는 통치 안정의 기회를,
초국적 자본에는 젖과 꿀이 흐르는 글로벌 광고마케팅
시장을 제공한다. 그 점에서 국가대표는 글로벌 자본의
마케팅 전사들이며, 그들에게 쏟아지는 찬사와 박수
소리가 클수록 국가의 통치력과 자본의 지배력도 커진다.

금연

누군가는 젊은 날 어설프게 폼 좀 잡아보려고 처음으로
담배를 꼬나물었으리라. 또 누군가는 학교에서 코피
나도록 얻어터지고서 짓뭉개진 입술 사이로 담배를
물었으리라. 누군가는 담배 가게 아가씨가 예뻐서,
누군가는 전쟁 같은 노동의 밤이 두려워서, 누군가는
군대 고참병의 군홧발이 무서워서 담배에 불을 붙였을
터이다. 그리고 또 누군가는 이별로 아픈 가슴을 담배
연기로 어루만졌으리라. 이처럼 흡연자의 폐 속에는
저마다 시커먼 사연 하나씩은 들어있게 마련이다.

그럼에도 흡연은 건강에 해롭다. 금연을 권하는 건
당연하다. 하지만 흡연자도 그쯤은 안다. 그럼에도

흡연자가 담배를 끊지 못하는 가장 큰 이유는 '담배가 거기 있어서'이다. 안 만들면 없고, 없으면 못 피우고, 못 피우면 저절로 금연이다. 그러므로 개인들에게 금연을 옥박지르지 말라. 흡연에 대한 징벌 의미로 담뱃값 인상한다며 흡연자를 협박하지 말라. 흡연자가 담배 끊기보다 국가가 세금 끊기가 더 어렵다고 솔직하게 말하라. 아니라면 당장 담배 생산부터 멈추라. 생산이 없으면 소비도 없다.

국가는 담배 생산을 통해 세금을 징수하는 한편으로, 그 소비자인 흡연자를 죄인 취급한다. 모순이다. 개인의 흡연에 대해 국가는 혹독하다. 그런데 국가의 담배 생산에 대해 개인들은 관대하다. 담배 생산 중단을 요구하면 혹자는 마약처럼 음성적인 불법 공급이 횡행할 것이며 이를 단속하는 데 많은 비용이 낭비될 것이라 한다. 그래서 합법적 생산을 그만 둘 수 없다고 한다. 그렇다면 마약의 음성적 거래를 막기 위해서 마약 공급을 합법화하는 게 나은가?

남자

'남자답다'는 말은
여자보다 비겁하고 지성이
떨어진다는 뜻이기도 하다.

남자(男子)는 사나이다. 사나이는 '싸울아비', 즉 전사다.
이름에서 드러나듯, 옛적에 가장 뛰어난 남성들은 늘
전쟁의 최전방에 나갔다. 하지만 용맹스런 그들은
전장에서 일찍 죽는 바람에 씨를 많이 남기지 못했다.
번식은 주로 겁이 많거나 몸이 허약하다는 이유로,
또는 교활한 술수로 전장에 나가지 않아서 죽음을 면한
남자들의 몫이었다. 덕분에 역사적으로 남성은 퇴화했다.
그 근거를 제공하는 책이 있다.

호주의 남성 고고학자가 쓴 《남성 퇴화 보고서》에
따르면, 현대 남성은 힘과 지혜에서 조상보다 한참
떨어진다고 한다. 예컨대 2만 년 전 호주 원주민

가운데 평범한 남성이 지금의 '우사인 볼트'보다 훨씬 빨리 달렸고, 12세기 몽골 전사는 요새 올림픽 양궁 금메달리스트보다 훨씬 활을 잘 쏘았다는 기록을 근거로 내세우고 있다. 이 주장에 수긍을 하고 나면 '남자답다'는 말이 '여자보다 비겁하고 지성이 떨어진다'는 뜻으로 들리기도 한다.

독도

마돈나의 복점처럼,
독도는 통치자들의
'복섬'이다.

물새들의 섬 독도는 마돈나의 입가에 찍힌 점이다.
여가수 얼굴바닥에 찍힌 점 하나가 관객의 시선을
사로잡듯, 망망대해에 뜬 섬 하나가 대중의 의식을
사로잡는다. 대한뉴스가 흐르는 낡은 극장의 비 내리는
은막이든, 첨단 디지털 티브이 화면이든, 독도가
클로즈업 되는 순간 여야(與野)의 대립도 노자(勞資)
간의 투쟁도 김이 빠지고 만다. 독도는 마법의 섬이다.
점 하나가 마돈나의 인기에 마법을 부린 것처럼, 섬
하나가 정권의 유지에 마법을 부린다. 나라 사랑은 영토
사랑으로, 영토 사랑은 곧 독도 사랑으로 함축되는,
오묘한 '땅 사랑'의 공식이 마술처럼 펼쳐진다.
입가의 점이 마돈나에게 '복점'이라면, 동해의 독도는

통치자들에게 '복섬'이다. 하지만 마법이 풀리고
불온함이 드러나면, 결국 점은 점이요 섬은 섬일 뿐이다.
존재 이상의 과도한 의미를 부여받은 것들 뒤에는 불온한
의도가 도사리고 있다.

돈

칼은 돈이 되었고,
돈은 언제든 칼이 될 수 있다.

'돌고 도는 것이어서 돈'이라는 속설이 있다. 하지만
어디까지나 속설이다. 돈은 칼에서 유래되었다는 게
정설이다. 실제로 '도(刀)'라는 글자는 화폐의 뜻도 가지고
있다. 춘추전국 시대 화폐이며 한반도에서도 사용된
것으로 알려진 명도전(明刀錢)이 그런 징표다. 또한 고려
때는 도(刀)를 무게의 단위로 쓰고 '돈쭝'이라 불렀는데,
이것이 와전되어 '돈'이 되었다는 설도 있다.

다른 설도 있다. 한 사람이 화폐를 너무 많이 가지면
칼 맞을 수 있다고 해서 '돈(刀)'이라 불렀다는 것이다.
별로 설득력은 없지만, 돈을 긁어모으는 데 대한 경계의
의미는 있다. 그러나 지금은 많이 가진 자들이 칼 맞을까

두려워하지는 않는다. 오히려 존경을 받기까지 한다.
돈이 가장 센 칼이기 때문이다. 칼은 돈이 되었고, 돈은
언제든 칼이 될 수 있다. 그래서 자본은 흉측한 무기다.

동창회

동창회의 본질은
현재적 기준으로
서로를 재서열화하는 모임이다.

동창회에 자주 나가는 사람의 부류는 첫째 고객 확보를
위해 명함을 돌려야 하는 정치나 영업자. 둘째 인맥은
재산이라 굳게 믿고 명함 수집을 즐기는 사람. 셋째 집안
애경(哀慶)사를 앞두고 부조금과 머릿수 동원이 필요한
사람. 넷째 재산 자랑, 애인 자랑, 자식 자랑 등 온갖
자랑질 못해 안달이 난 사람. 다섯째 혼자 살아서 견딜
수 없이 외롭고 쓸쓸한 사람. 여섯째 배우자 허락받고
다른 이성 만나 즐기려는 사람 등이다.

한편 동창회는 가끔 참석자 간에 남녀상열지사를 일으켜
가정법원 판사에게 일거리를 제공하기도 한다. 그럼에도
무람없이 때만 되면 동창회가 열린다. 학교라는 인간개조

공장에서 자의 반 타의 반으로 질서를 숙지하고 서열에
따라 나온 제품들이 세상에서 웬만큼 닳고 닳은 뒤에
다시 만나는 모임. 그리고 누가 더 폼 나게 닳았는지를
겨루며 현재적 기준으로 서로를 재서열화하는 모임.
동창회의 본질은 그것이다.

로드맵

로드맵은 신자유주의 정권과
자본가계급의 욕망이
가고자 하는 길을 나타내는
지도다.

본래 '도로 지도'를 뜻하는 영어 로드맵(Road map)은
한국으로 물 건너온 뒤에 본뜻으로 쓰이는 경우는
거의 없었고, 주로 정부나 기업에서 어떤 정책의
목표와 추진계획을 통틀어 부르는 말로 쓰여 왔다.
허풍과 과시를 좋아하는 그 사용 주체들의 특성상
로드맵은 하찮은 내용을 거창하게, 밋밋한 결과를
짜릿하게, 별것도 아닌 것을 있어 보이도록 분칠하는
은유로 사용되어 왔다. 특히 지난 2003년 초 노무현
정권 인수위원회에서는 '시장개혁로드맵'이니
'노사관계로드맵'이니 '인터넷망 보호로드맵'이니
하여, 툭하면 정책에 '－로드맵'을 갖다 붙였다. 그중에
'노사관계로드맵'은 노동조합운동을 무덤으로 끌고

갔다. 로드맵은 신자유주의 정권과 자본가계급의 욕망이 가고자 하는 길을 나타내는 지도였다. 한편 교육과학기술부에서는 '진로로드맵', '학습로드맵' 따위의 말을 만들어 학생들에게 유포했다. 그 여파로 일부 초등학교에서 '진로로드맵' 작성을 숙제로 내주는 바람에, 은유를 잘 모르는 초등생들이 진로 소주 사러 가는 도로를 지도에 그리느라 진땀을 흘렸다는 후문이 들리기도 했다.

변절

권력자가 권력자와 거래하는 것을 두고 변절이라 말하는 건 감정과 시간을 낭비하는 일이다.

2012년 대선에서 김지하가 박근혜 편에 선 것을 변절이라 말할 수 없다. 1990년대 이후 김지하는 이미 현대적 문화권력의 소유자였다. 그런 그가 근대적 정치권력의 소유자인 박근혜와 붙는 게 문제될 건 없다. 손석희가 종편방송으로 간 게 변절은 아니다. 그는 이미 현대적 언론권력의 소유자였다. 그런 그가 재벌권력의 나팔수가 되더라도 문제될 건 없다. 재벌 방송은 인간 '손석희'가 아니라 손석희가 소유한 이미지 권력과 거래를 한 것이다.

때깔 좋고 세련된 권력이든, 거칠고 투박한 권력이든, 권력자는 권력자와 거래한다. 그것을 두고 변절이라

말하는 건 감정과 시간을 낭비하는 일이다. 김지하나
손석희는 변절자가 아니다. 그것은 다만 때깔과 세련미로
포장된 자유주의 권력자들을 자신의 편으로 여긴
인민대중의 착각이었다.

불륜

불륜은 숨어서
패륜을 비웃지만
패륜은 대놓고
불륜을 비난할 수 있다.

애정 없는 부부가 다른 이성과 한 이불을 덮는 건 사회적
이치를 저버렸으므로 불륜이지만, 애정 없는 부부가
억지로 한 이불을 덮는 건 하늘의 이치를 저버렸으므로
패륜이다. 불륜은 숨어서 패륜을 비웃는 데 비하여,
패륜은 대놓고 불륜을 비난할 수 있다. 그 점에서
불륜보다는 패륜이 자유롭다. 여전히 불륜보다는 패륜이
많은 까닭이다. 법무부에서 관리하는 일부일처제 사회의
쓸쓸한 풍경이다.

빨갱이

사람들이 빨갱이를
혐오하는 것은,
자신들의 피가 오염되어
빨갛지 못한 까닭이다.

불순분자, 용공분자, 좌익사범, 친북, 종북, 좌빨 따위의
말들은 결국 '빨갱이'라는 말로 환원된다. 반공, 승공,
멸공 따위 슬로건으로 범벅된 극한대립의 사회 분위기에
문제를 제기한 사람은 빨갱이로 몰려, 공포감과 적대감과
혐오감을 동시에 불러일으키는 대상으로 인민에게
각인되었다. 게다가 국외자(局外者)로 분류되어 일상적
사회에서 추방되어 격리당하거나, 심지어 형장의 이슬로
사라지기도 했다. 그들이 빨갱이로 몰린 것은 대개
오염되지 않은 빨간 피를 가졌기 때문이다. 더불어
빨갱이를 사람들이 혐오하는 것은, 자신들의 피가
무언가에 오염되어 빨갛지 못한 까닭이다. 그러나 피가
빨간 사람은 누구나 빨갱이가 될 수 있다.

4대
사회악

지배권력이 4대 사회악의
주범이다.

박근혜 정권은 가정폭력, 학교폭력, 성폭력, 불량식품
등을 '4대 사회악'으로 공표했다. 그에 따라 4대 사회악을
퇴치하자는 광고전단으로 온 나라를 덮었다. 집권세력의
그 열정이 진심이라면, 4대 사회악 퇴치를 위해 다음
내용을 반드시 고려해야 할 것이다. 첫째 가정폭력의
가해자는 대부분 가부장이다. 둘째 학교폭력은 대부분
교권에 사로잡힌 교사가 휘두르며, 학교 자체가
아이들에게 폭력이다. 셋째 성폭력의 한 형태인 성희롱
예방을 위해서는 과거 한나라당의 후신인 새누리당 남성
의원들을 조심해야 한다. 넷째 지상에서 가장 무서운
불량식품은 방사능 오염식품이다.

사유 1

많은 재산을 사유한 사람에게
철학적 사유를 기대하기 어렵다.

사유(思惟)가 올바르고 깊으면 당연히 사유(私有)를
부정하게 된다. 사유(思惟)하고도 사유(私有)를 부정하지
못한다면, 사유(思惟)가 깊지 않았거나 사유(私有)한 재산이
많은 경우다. 많은 재산을 사유(私有)한 사람에게 철학적
사유(思惟)를 기대하기 어려운 이유도 그것이다.

사유 2

사유의 과정은 복잡하더라도
그 결실은 간명해야 한다.

넓지 않고 깊기만 한 사유는 편협한 사변(思辨)으로
통하고, 깊지 않고 넓기만 한 사유는 허접한 잡설(雜說)로
통한다. 사변과 잡설은 인간 착취의 철학인 형이상학적
관념론의 특징이다. 사유는 넓음과 깊음의 관계가
간명하게 통일되었을 때 인간 해방의 실천적 의미를
가진 사상이 된다. 따라서 사유의 과정은 복잡하더라도
그 결실은 간명해야 한다. 사상에 이르지 못하고 사색에
머무르는 사유는, 현대철학 대부분이 그렇듯이 몇몇
개인들의 말장난일 뿐이다. 사유라는 말도 때로는
어용이다.

시인

시인이 설치는 곳에서는
시인은 살아도
시는 죽는다.

한때 시인이었던 장정일은 그의 책《공부》에서 말했다.
"시인은 단지 언어를 다룬다는 이유만으로 최상급의
지식인으로 분류되어 턱없는 존경을 받기도 하지만,
시인은 그저 시가 좋아서 시를 쓰는 사람일 뿐으로
열정적인 우표 수집가나 난이 좋아 난을 치는 사람과
별반 다를 게 없다"라고. 시인이 부자가 되기도 하고,
부자가 시인이 되기도 한다. 시인이 권력을 잡기도 하고,
권력이 시인을 잡기도 한다. 죽은 시인의 사회에서는
시인은 죽더라도 시는 살지만, 죽지 않은 시인이 설치는
곳에서는 시인은 살아도 시는 죽는다. 시인은 많은데
읽을 만한 시가 별로 없는 이유다.

안전
불감증

위험이 일상화된 사회에서는
둔감한 게 차라리 마음이
편하다.

큰 사고가 터질 때마다 지배관료와 지배언론은
'안전불감증' 탓을 한다. 하지만 그들은 모를 것이다.
위험이 일상화된 사회에서는 안전에 민감한 것보다는
둔감한 게 차라리 마음이 편하다는 것을. 모든 위험을
민감하게 감지하며 살다가는 지레 공포에 질려버린다는
것을. 사방이 온통 지뢰밭이어도 인명은 재천이라
믿으며 요행에 맡길 수밖에 없다는 것을. 그리고 그들은
알면서도 모른 척할 것이다. 대부분의 위험은 최초의
'갑'에게서 발생하여 최후의 '을'에게 전가된다는
사실을. 후쿠시마 원전 사고가 그랬듯이 최초 '갑'의
안전불감증이 가장 무섭다는 사실을.

우리

우리에게 '우리'는 확장된
이기심이다.

'우리'는 1인칭 복수대명사다. 그러므로 일부일처
사이의 아내가 "우리 남편이에요"라고 하면 남편에게
또 다른 아내가 있다는 의미다. 무남독녀인 딸이 "우리
아빠예요"라고 하면 아빠에게 숨겨둔 자식이 있다는
의미가 될 수 있다. 물론 우리끼리는 그런 어법이 문제가
안 된다. 하지만 그런 게 문제가 안 되는 '우리끼리'의
말글살이는 엄연히 문제다.

우리는 '우리'를 지나치게 좋아한다. 덕분에 '우리나라'가
문법을 뛰어넘어 한 낱말이 되고, '우리가 남이가'
따위가 선거 구호로 먹혀든다. '우리 자본', '우리
기업', '우리 군대'가 '남의 나라'에서 저지르는 만행에

둔감하다. 우리는 객관보다는 주관에, 독립보다는 의존에, 논리보다는 감성에 기대는 '우리이즘' 또는 '우리나라리즘'의 주술에 걸려 있다. 우리는 '우리' 안에 갇혀 있다. 우리에게 '우리'는 확장된 이기심이다.

유전자

유전자 결정론은
인간의 능동성과 창의성을
무력화한다.

'씨도둑은 못 한다'는 말이 있다. 양반의 씨와 노비의
씨를 철저히 구별하던 신분제 사회의 이데올로기에서
비롯된 속담이다. 이 말은 오늘날에 '유전자는 못
속여!'라는 말로 계승되어, 여전히 현대판 씨 타령이
되고 있다. 안방 드라마에서 '콩가루' 재벌가의 출생
비화를 단골 소재로 삼는 까닭이기도 하다. 요즘에도
'씨'를 중시하고 유전자의 의미를 과대평가하는 것은
20세기 후반에 유행한 '유전자 결정론' 때문일 것이다.

유전자 결정론자인 리처드 도킨스의 《이기적 유전자》에
따르면 인간이라는 생명체의 본질은 유전자이며,
유기체들의 행위는 유전자가 낳은 필연적 결과라고 한다.

유전자에 내재된 '가족사랑' 프로그램 때문에 태어난
우리 몸은 그저 유전자가 운전하는 자동차일 뿐이다.
인간을 공격하는 성향도 유전자 때문이다. 따라서 성폭력
사건이 일어나면 '성폭력범'이 아니라 그를 지배한
'유전자'에 전자발찌를 채워야 할 일이다.

이처럼 전지전능한 유전자는 착취에 저항하는
피지배계급의 사회적 행동마저도 생물학적 범주에
가두어버릴 수 있다. 그 점에서 유전자 결정론은
객관적 관념론과 주관적 관념론을 교묘하게 결합하여
인간의 능동성과 창의성을 무력화하는 부르주아
지배이데올로기에 기여한다. 유전자는 혈연관계의
징표로서 생물학적 개체의 탄생 경로를 나타내어 개체와
개체를 구별하는 한 요소일 뿐이다.

이슈

이슈는 고통을 힐링시켜주는
만병통치약이다.

지난 2013년, 대선에서 패배한 민주당은 촛불로
국정원을 건드렸다. 온 나라가 시끄러웠다. 이에
국정원은 죽은 노무현을 건드렸다. 그러자 자유주의,
민족주의 세력이 촛불에 가세하여 더 시끄러웠다. 이에
국정원은 'RO내란음모사건'을 터뜨렸다. 귀가 먹먹할
정도로 시끄러워졌다. 그리고 그 약발이 떨어지기
직전, 조선일보가 검찰총장의 신상을 털어 모든 신문을
《선데이서울》로 만들었다. 이렇게 생산되는 '이슈'는
대중에 의해 확대 재생산되어, 후쿠시마 방사능
공포로부터, 밥줄 끊긴 노동자들의 분노로부터, 물가
폭등의 불안으로부터 인민을 끊임없이 '힐링'시켜주었다.
이슈는 인민의 고통을 치유하는 만병통치약이었다.

인권

제도화된 인권운동이
인권을 짓밟기도 한다.

유엔인권위원회에서는 2003년부터 '북한인권결의안'을
채택해왔다. 2013년에도 유럽연합과 일본은 조사위원회
설립을 의무화하는 북한인권결의안을 유엔 인권이사회에
제출했다. 47개 이사국 중에 베네수엘라만 결의안에
반대했다. 이에 대해 북한의 조국평화통일위원회는
"남조선이 세계 최악의 인권 유린 지대"라며 발끈했다.
조평통은 이어 "미제의 인권 유린 만행에 항변
한마디 못하는 괴뢰들이 '인권문제'를 운운하는 것은
언어도단"이라고 주장했다.

한편 국제인권단체 엠네스티 한국지부 이사장을 지낸
'인권운동가' 아무개 교수는 인권 관련 토론회에서

만난 20대 여성에게 변태적 성관계를 제안했다. 여성이
엠네스티 회원이라고 하자 그는 "뇌도 섹시하다"며 나체
사진을 요구했다. 유엔과 자본주의 강국들은 '인권'으로
한 국가를 따돌리고, 따돌림 당한 국가는 '인권'으로
자신들의 인권 유린을 가리고, 인권운동가는 '인권'으로
변태성욕을 발산했다. 인권운동은 인권을 짓밟는
운동인가.

인면수심

진짜 흉악한 것은
짐승의 얼굴에
사람의 마음을 한
수면인심이다.

잔혹한 사건을 일으킨 흉악범을 향하여 선정주의 언론은
인면수심(人面獸心)이라는 말을 흔히 내뱉는다. 원색적
증오심을 촉발하는 이 말은 사람의 마음보다 짐승의
마음이 흉악하다는 전제를 깔고 있다. 과연 그럴까.
사람에게는 좋은 마음, 나쁜 마음도 있다. 하지만 짐승의
마음은 좋지도, 나쁘지도 않다. 사람은 유심(有心)하지만,
짐승은 무심(無心)하다. 무심이 유심보다 흉악할 수는
없다. 그럼에도 짐승의 마음을 흉악하게 여기는 것은
인간의 같잖은 우월감이다. 생명에 대한 차별이나 나아가
계급에 대한 차별마저도 합리화하는 그 우월감이 오히려
사악함과 흉악함의 바탕이다. 진짜 흉악한 것은 짐승의
얼굴에 사람의 마음을 한 수면인심(獸面人心)일 터.

인생은 짧고 예술은 길다

대부분의 예술은
짧은 인생의 어느 하루보다도
더 짧다.

히포크라테스는 말했다. "인생은 짧고 예술은 길다"고.
그러나 인생보다 긴 예술은 매우 드물다. 대부분의
예술은 짧은 인생의 어느 하루보다도 더 짧다. 그렇다고
긴 예술이 짧은 예술보다 위대한 것도 아니다. 게다가
아무리 길고 위대한 예술도 짧고 하찮은 한 인생보다
위대하다고 말할 수 없다.

좋은게 좋은거다

좋은 게 좋으려면
나쁜 게 나빠야 한다.

"좋은 게 좋은 거"라고 말하는 사람치고 좋은 일 하는
사람은 별로 없다. 실제로 좋은 일 하는 사람은 그런
말 하지 않는다. "좋은 게 좋은 거"라고 자주 말하는
사람치고 "나쁜 건 나쁜 거"라고 분명하게 말하는 법이
없다. 하지만 좋은 게 좋으려면 나쁜 게 나빠야 한다.
너에게 좋은 게 나에게 나쁠 수 있고, 나에게 좋은
게 너에게 나쁠 수 있다. 이처럼 주어가 생략된 말을
조심해야 한다. 그것은 대체로 은근한 협박이거나 얼빠진
굴종이다.

진리 2

거짓을 말하는 자는
환대를 받고,
진리를 말하는 사람은
매 맞기 십상이다.

루쉰의 산문집에 나오는 이야기다. 옛적에 어떤 집에서
아들이 태어나 큰 잔치를 벌였다. 손님들이 찾아와
덕담을 건넸다. 한 손님은 "이 아이는 커서 부자가 될
것이오"라고 했다. 그러자 부모가 기뻐했다. 또 다른
손님이 "이 녀석은 커서 높은 벼슬을 할 것입니다"라고
하자 부모는 역시 손님에게 고마워했다. 그런데 어떤
손님이 "이 아이는 언젠가는 죽게 될 것입니다"라고
말했다. 그 말이 떨어지기 무섭게 사람들이 그를
비난하며 때려주었다.

부자가 되거나 벼슬을 하는 건 거짓일 가능성이 높다.
반면 사람이 죽는다는 건 부인할 수 없는 진리다.

그런데도 거짓을 말하는 자는 환대를 받고, 진리를 말하는 사람은 매 맞기 십상이다. "자본주의는 끝났다"고 하는 말이 사람들의 환대를 받지 못하는 까닭이다.

질서

질서가 있는 곳에
차별이 있다.

질서(秩序)는 본래 '차례'를 지킨다는 뜻이다. 그것은
소수가 다수를 억압하고 통치하는 가장 기본적인 원리다.
예컨대 나치(Nazi) 시대 유대인들은 소수의 감시 앞에서
질서 있게 죽음의 수용소로 끌려갔다. 역사 속에서
강압된 질서는 주로 피지배 인민에게 공포였다.

한편 오늘날 국가보안법 관련 소송의 검사 논고에 흔히
나오는 '자유민주적 기본 질서'란 신분에 따른 차별,
재산에 따른 차별, 학력에 따른 차별, 외모에 따른 차별,
출신에 따른 차별, 성별에 따른 차별, 인종에 따른
차별을 포장한 말이다. 따라서 질서가 있는 곳에 차별이
있다.

사람들이 삼삼오오 흩어져서 자유롭게 사는 사회, 즉
질서가 필요 없는 '무질서(無秩序)'한 사회야말로 우리가
궁극적으로 추구해야 할 이상향이다.

책 속에
길이
있다

책 속에 난 길의 대부분은
독자를 체제 복종과 순응으로
인도한다.

책 속에 욕망의 길이 있다. 출세의 길이 있고, 탈세의
길이 있고, 친구를 밟고 서는 길이 있고, 자신을 비싸게
파는 기술이 있고, 타인의 잉여노동을 효율적으로
흡수하는 길이 있고, 그렇게 흡수한 재화로 우아한
소비를 즐기는 길이 있다. 책 속에 허영의 길이 있다.
교묘한 이미지 연출로 자신을 포장하는 길이 있고,
유명한 사람을 흉내 내며 사는 길이 있고, 자본가를 위해
기꺼이 인생을 탕진하는 길도 있다.

책 속에 복종의 길이 있다. 가진 자에게 머리 조아리는
길이 있고, 국가에 사회를 복속시키는 길이 있고, 맹목적
믿음을 신에게 보내는 길도 있다. 그리고 세상의 본질을

망각하는 길이 있고, 삶의 본질을 거꾸로 파악하는 길이 있다. 책 속에는 수많은 길이 있다. 그 길들 대부분은 체제에 대한 복종과 순응으로 통한다. 저항과 해방의 길은 실낱 같은 샛길도 찾아보기 어렵다. 자본은 책을 만들고, 책은 자본을 만든다.

초심

초심은 변심을 전제로 하는
말이다.

"초심(初心)을 잃지 않겠다"고 말하는 사람은 믿을 수
없다. 초심은 변심(變心)을 전제로 하는 말이기 때문이다.
"초심으로 돌아가겠다"고 말하는 사람도 믿을 수 없다.
그는 이미 변심했기 때문이다. 게다가 그렇게 말한
사람들의 초심 자체가 옳은 것인지도 알 수 없다. 초심이
배고플 때의 마음이면, 변심은 배부를 때의 마음이다.
초심이 똥 누러 갈 때의 마음이면, 변심은 똥 누고
나올 때의 마음이다. 마음은 몸의 명령에 따라 언제든
변한다. 굳이 초심을 잃지 않으려거든 초신(初身)을 잃지
않아야 한다. 요컨대 가난할 때의 절박한 마음은 계속
가난해야만 지킬 수 있고, 부유할 때의 넉넉한 마음은
계속 부유해야만 지킬 수 있다.

털어서
먼지
안 나는
사람 없다

제 몸에 먼지 묻었다고
남의 몸에 묻은 먼지 털지
말라는 법 없다.

털어서 먼지 안 나는 사람 없으니 함부로 입 놀리지
말라는 경고다. 제 몸에 묻은 먼지 털리고 싶지 않거든
남의 몸에 묻은 똥도 못 본 척하라는 협박이다. 서로
먼지 묻고 똥 묻은 채로 찜찜하고 더럽게 살아가라는
충고다. 그 충고에 따르기 싫거든 제 먼지도 털어내고
남의 먼지도 털어주면서 수시로 심신을 세탁할 일이다.
그래야 일상이 개운하고 마음이 편안하다. 제 몸에 먼지
묻었다고 남의 몸에 묻은 먼지 털지 말라는 법 없다.
심지어 똥 묻은 개가 겨 묻은 개를 나무라기도 하지
않던가.

팔은
안으로
굽는다

팔 뼈다귀 구조와
사람의 마음은
서로 관련이 없다.

제 가족밖에 모르고 제 주변밖에 모르는 자들은 흔히
"팔은 안으로 굽는다"고 말한다. 가족이기주의나
집단이기주의를 조건반사적으로 합리화하는 말이다.
같은 어법으로 말하자면 "팔이 안으로 굽는 건 서로
쉽게 껴안으라는 의미"라고 해도 문제될 게 없다. 팔이
안으로 굽는 건, 삶의 터전을 빼앗겨 벌벌 떠는 몸뚱이를
누구라도 꼭 껴안아주라는 뜻인지도 모른다. 사실 팔
뼈다귀 구조와 사람의 마음은 서로 관련이 없다. 그러나
이기적인 마음은 종종 텍스트를 왜곡한다.

팩트

팩트 지상주의는 필요에 따라
의미를 독점하거나 은폐하려는
의도일 뿐이다.

요즘 사람들은 의미(意味)보다 팩트(fact)를 중시한다.
그래서 흔히 "팩트만 말하라"고 한다. 물론 그들
주장대로 팩트 없는 의미는 아무것도 아니다. 그러나
의미 없는 팩트 또한 아무것도 아니다. 가령 팩트로만
따질 것 같으면 밥은 똥의 재료일 뿐이며, 꽃은 식물의
생식기관일 뿐이며, 책은 기름때 묻은 종이일 뿐이며,
조용필의 노래는 고막을 흔드는 진동일 뿐이며, 고흐의
그림은 굳은 물감 자국일 뿐이며, 어머니의 눈물도
수소와 산소와 염분의 화합물일 뿐이다. 하지만 삶에서는
백 가지 팩트보다 한 가지 의미가 더 중요할 때가 많다.
이에 반하는 '팩트 지상주의'는 필요에 따라 의미를
독점하거나 은폐하려는 의도일 뿐이다.

피는
물보다
진하다

**남의 가족 몸속에 흐르는 것은
피가 아니라 물인가.**

남의 불행은 모른 척해도 핏줄의 불행은 모른척할
수 없을 때, 남에게는 엄정하지만 핏줄에게는 특혜를
베풀 때, 남의 잘못은 가혹하게 따져도 핏줄의 잘못은
감싸주고 싶을 때, 남과 시비하는 핏줄을 덮어놓고
편들어줄 때, 흔히 '피는 물보다 진하다'는 말로 합리화를
한다. 그 한마디로 노골적인 가족이기주의도 정당화된다.
더불어 남의 가족 몸속에 흐르는 것은 피가 아니라 물이
되고 만다. 그래서 피는 물보다 '징'한 것이다.

하늘은 스스로 돕는 자를 돕는다

사람을 돕는 건 하늘이 아니라 사람이다.

자신의 일에 먼저 최선을 다하고서 하늘의 도움을 기대하라는 뜻으로 통용되는 속담이다. 그러나 개인적 출세와 성공을 위해 자신에게 최선을 다하는 자를 돕는 하늘은 비겁하다. 생각해보라. 스스로를 도울 수 있는 자는 스스로 살면 된다. 거기에 하늘까지 도울 일인가. 하늘은 스스로의 도움도 남의 도움도 받을 수 없는, 고립무원의 처지에서 절박하게 도움이 필요한 자를 도와야 한다.

물론 그런 하늘은 실재하지 않는다. 하늘은 사람을 돕지 않는다. 사람을 돕는 건 사람이다. 따라서 이 속담은 개인적 노력 외에 착취나 요행으로 출세와 성공을 거둔

자들의 변명에서 비롯된 것으로 볼 수 있다. 한편 이 속담은 목적어가 분명치 않은 문장이어서 도움을 받는 대상이 누구인지 알 수 없다. 가령 '하늘은 스스로(를) 돕는 자를 돕는다'거나, '하늘은 스스로 (누군가를) 돕는 자를 돕는다'처럼 써야 올바른 문장이 된다.

행복

모두가 부자 되는 세상은
불가능하겠지만,
다수가 행복한 세상은 가능하다.

깨가 쏟아지는 나의 행복이 자칫하면 남의 불행을
전제로 하는 수가 있다. 또한 손발이 오그라드는 나의
행복이 남에게 위화감을 줄 수도 있다. 그러므로
함부로 개인의 행복을 과시할 일이 아니다. 다만
다수의 행복에 대해서는 말할 일이다. 모두가 부자
되는 세상은 불가능하겠지만, 다수가 행복한 세상은
불가능할 것도 없으니까. 그 점에서 마르크스주의야말로
진정한 '행복론'이라 할 수 있다. 그것은 "인류는
왜 불행한가?"와 "인류는 어떻게 행복해질 수
있는가?"라는 질문에 대하여 집요하게 그 답을 물고
늘어지는 사상이다. 그렇다면 구체적 개인들은 행복을
위해 무엇을 준비해야 할까? 그것은 '정직하게 밥

벌어먹을 기술'과 '품위 있게 놀 수 있는 예술'과
'지배이데올로기에 휘둘리지 않을 철학'이다. 진정한
행복을 바란다면, 이 세 가지를 갖추어야 한다.

희망

대지의 살갗이 터져야
봄이 오고, 마음의 껍질을
찢어야 희망이 온다.

봄을 노래하는 건 지금이 겨울인 까닭이고, 희망을
노래하는 건 지금 절망스러운 까닭이다. 겨울은
봄을 키우고 절망은 희망을 키운다. 그러나 겨울과
단절(斷絶)해야 봄이 오듯, 절망과 단절해야 희망이 온다.
몸으로 봄을 맞으려거든 겨울옷을 벗어야 한다. 마음에
희망을 품으려거든 미련을 털어야 한다. 봄이 겨울의
비약(飛躍)이듯, 희망도 절망의 비약이다. 단절과 비약
없이는 봄도 희망도 없다. 대지의 살갗이 터져야 봄이
오고, 마음의 껍질을 찢어야 희망이 온다. 희망의 싹은
그런 아픔 속에서 자란다.

찾아보기